JN252247

片づけなくても
片づく住まいに

人生が変わるリフォームの教科書

水越美枝子

講談社

はじめに

リフォームの設計の際にはいつも、お客様の自宅で時間をかけて話を聞き、一緒にプランを考えてもらうようにしています。なぜなら新築と違って、その家のことを一番よく知っているのは、長年住んでいる方自身だからです。その家のいいところ、不便なところ、改善したいところをヒアリングしながら、思い描く理想の暮らしを一緒に考えます。そうやって家と住み手を充分に理解することが、リフォーム成功のカギになります。

　しかし、「リフォームをしたいけれど、自分の希望を設計者や工務店の人に理解してもらえないのでは」と不安を持つ人が多くいます。実際に、思っていることと違うプランを示されても、具体的な解決法がわからないため、妥協して受け入れてしまう人もいます。いろいろな所に相談したけれど納得がいかなくて、遠くから図面を持って、私の事務所に相談に来られる方もたくさんいます。

この本は、そんなリフォームに悩む方々が、自分で解決策を考えられる手助けになるように、という思いから生まれました。自分で設計をすることはできなくても、暮らしやすい間取りや動線についての知識を持つことで、漠然と「こんな暮らしがしたい」と思い描いていることを実現するための方法がわかります。設計者に、わかりやすく自分の希望を伝えることもできるでしょう。

よいリフォームは、大げさではなく人生を変える力を持っています。この本を参考にして、ぜひあなたの「人生を変えるリフォーム」を成功させてください。

CONTENTS

もくじ

第2章 家事を効率的に時短にする

第3章 住む人に合った間取りで暮らしを豊かに

第4章 収納を増やして広い家にする

第5章 「狭さ」を克服するリフォーム

第6章 生活感を隠して美しく見せる

実例

人生が変わった！リフォーム実例

実例1

プライベートスペースを2階に集めて夫婦2人が快適に過ごせる家に

東京都練馬区◎島田邸

【DATA】
リフォーム面積／
103.9㎡（約31坪）
構造規模／
RC地下＋木造2階建て
家族構成／夫婦

生活動線が短くなり 趣味のスペースも充実

島田さんは、子どもたちが自立して部屋が空いたのをきっかけに、夫婦2人で暮らしやすい家にしたいと、リフォームを決意されました。大きなポイントは、洗面室や浴室は1階、寝室は2階と分かれていたプライベートスペースを、2階に集めたことです。階段を上り下りする回数が激減し、洗濯機と干し場も同じ階になったため、家事の時間が短くなりました。同時に、収納スペースもたっぷりと確保。趣味のためのスペースもできて、暮らしが快適になりました。

撮影／嶋田礼奈・永野佳世

リフォーム前

洗面室と浴室は1階、寝室は2階と分かれているため暮らしづらく、収納もたりなかった

子ども部屋

2階の2つの洋室は、子どもたちがそれぞれ使用していたが、独立して家を出た後は、納戸として使っていた。

寝室

造りつけの収納は少なく、洋服が収まらないので、洋服ダンスを2つ置き、さらに収納ケースも床に置いていた。

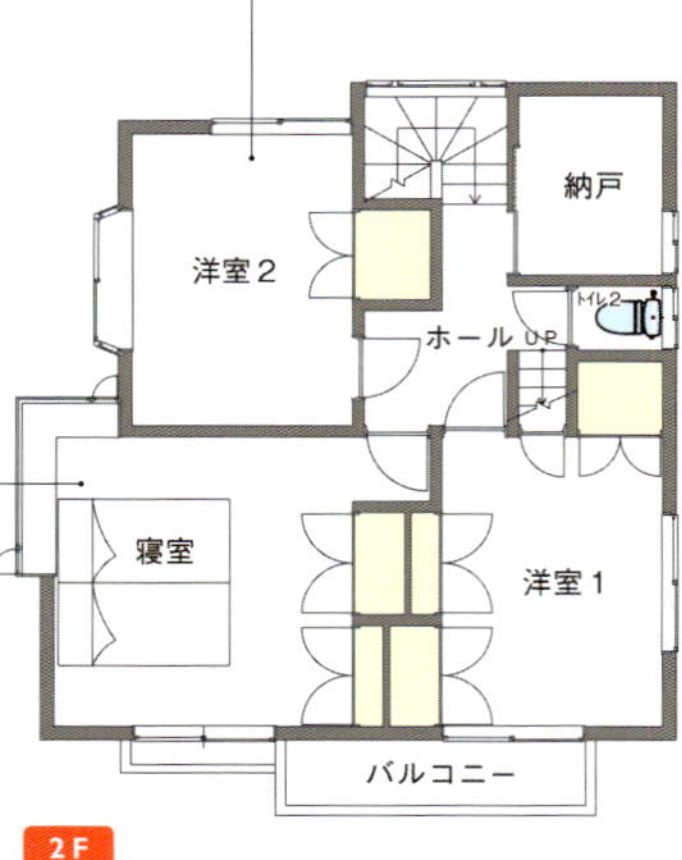

2F

玄関

収納の形が凸凹していて、ゴチャゴチャした印象。せっかくの飾り物も目立たない。

玄関
浴室
トイレ1
UP
ホール
洗面室
洗
冷
和室
LDK
テラス
縁側

1F

和室

来客時の寝室用だったが、ふだんはほとんど使うことがなく、物の置き場になることもしばしば。

浴室・洗面室

朝の身支度や夜の寝る準備のためにいちいち階段を上り下り。洗濯物は2階の干し場まで運んでいた。

ダイニング・キッチン

ダイニングから丸見えのキッチン。大きな食器棚が並び、収まりきれない物たちがカウンター上に……。

収納スペース

リフォームのポイント

- ◎ 寝室と水回りを同じフロアにまとめる
- ◎ 造りつけの収納を増やし置き家具をなくす
- ◎ 不要になった子ども部屋を有効活用

リフォーム後

水回りを2階に移動して、生活動線を短く。収納を充実させ、趣味のための部屋もつくった

納戸

娘の部屋だったところを、納戸とトイレに分割。窓は共有にして、どちらも明るく。

寝室

夫用のウォークインクローゼットを設置。壁面収納も増やしたので、妻の衣類もすべて収まった。

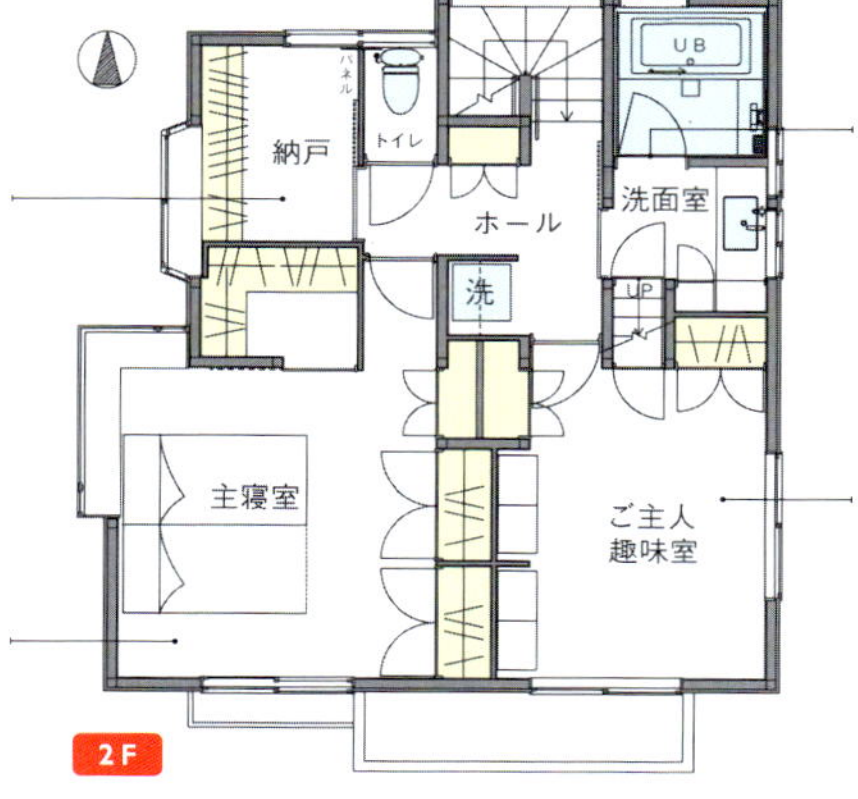

浴室・洗面室

1階にあった浴室、洗面室を2階に移動。寝室に近くなったので快適に。洗濯機も干し場に近くなった。

夫の書斎

息子が使っていた部屋が空いたので、夫の趣味室として活用。

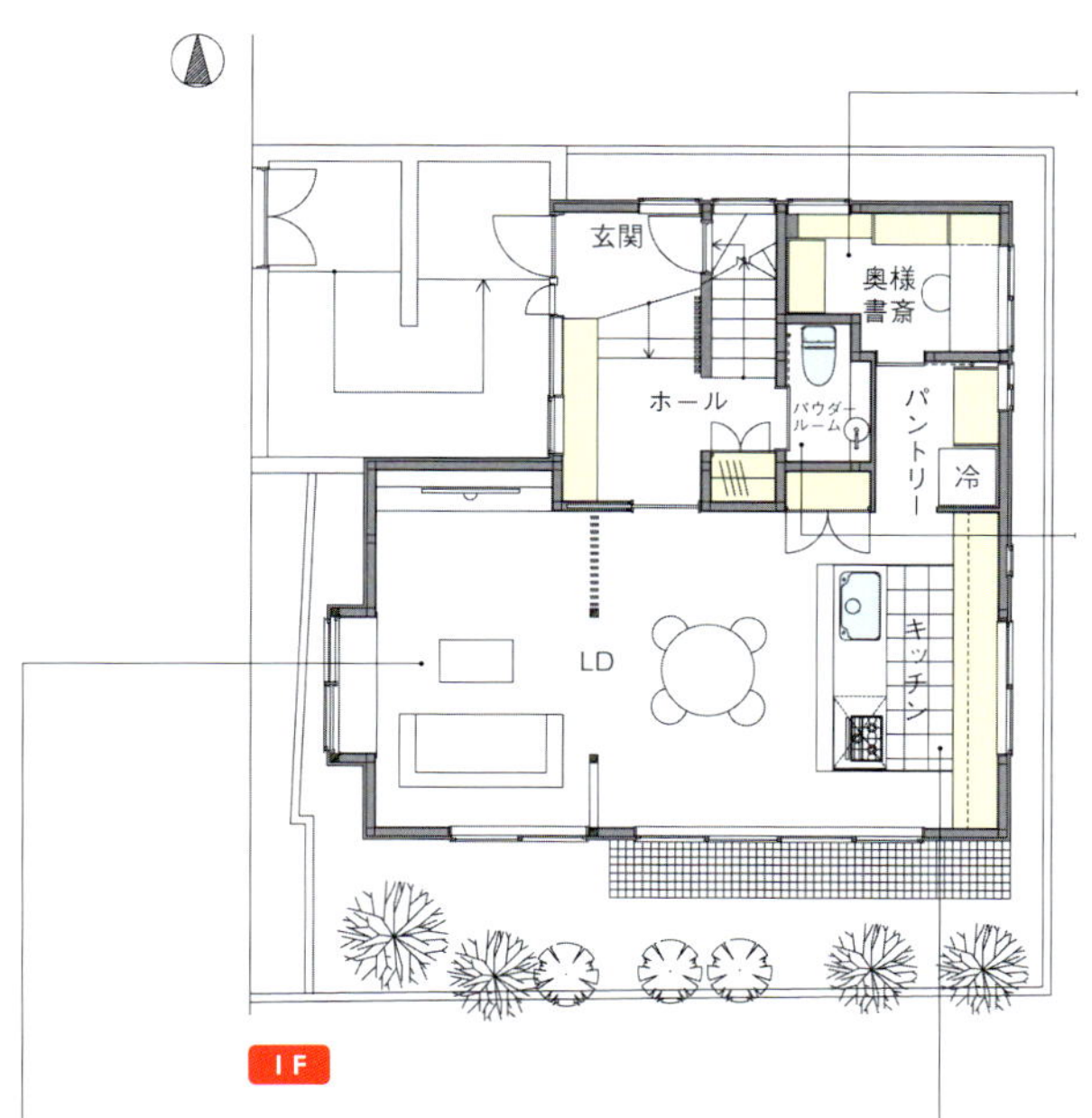

妻の作業スペース

妻が趣味のちりめん細工づくりをする部屋を設けたので、ダイニングテーブルが散らからなくなった。

パウダールーム

1階に洗面室がなくなったため、トイレと手洗いのあるパウダールームを設置。お客様にも使いやすい。

リビング

ダイニングとの間をルーバーでゆるく仕切って、家族や来客がくつろげるスペースに。テレビ台も設けた。

キッチン

背面収納を充実させ、大量の食器を収納。料理する手元は見えなくなり、キッチンに立つ人からは家族の顔や庭が見える。

洗面室と浴室のある2階に移動して、暮らしやすく

朝起きてすぐに身支度ができるので快適に

以前は1階にあった洗面室と浴室を、寝室から数歩歩いたところに移動。寝る支度も、朝の身支度もすぐにできるので暮らしが快適になった。

夫婦の寝室。クローゼットは夫と妻別々に設けたので、ストレスなく身支度ができる。

洗濯機を干し場のある2階に移動したため、階段の上り下りが減った。

和室だった場所をリビングに。ダイニングとの間の壁を取り除き、広々とした空間に。

和室をなくして明るくゆったりくつろげるリビングに

シェードを天井から垂らし、部屋を広く見せる

窓だけでなく垂れ壁も覆うように、天井からシェードを設置。垂れ壁の部分を隠すことで、実際以上に窓が大きく見えて、広々と感じられる。

リビングの入り口はルーバーでゆるく仕切る

リビングとダイニングの境にある、取れない柱を利用してルーバーを設置。ゆるい仕切りがあることでリビングが落ち着いた空間に。

物が多くてもすべて収まる たっぷりの収納スペースを増設

背面スペースには大量の食器が収まった

キッチンの背面スペースは、カウンター収納に加えて、吊戸棚にもたっぷり食器が収納できる。取っ手がなく壁と同じ色なので、扉を閉めればスッキリ。

寝室のクローゼットも収納力は充分

2階の寝室にある、夫のウォークインクローゼット。バーにたくさんの洋服を吊るすことができるので、見やすく、選びやすく、衣替えの手間もない。

キッチンの片隅には大型パントリーを

キッチンの片隅に、食品をたっぷり収納できるパントリーを設置。来客時などにはロールスクリーンで隠してしまえる。

妻が趣味を楽しむための作業部屋をキッチンの隣に

作業途中でもすぐに家事を始められる快適さ

浴室がなくなってスペースができたので、キッチンの奥に、妻の作業スペースを設置。以前はダイニングテーブルでやっていたので、いちいち片づけなくてはならなかった。床暖房が入っているので足元も冷えず快適に。

趣味のちりめん細工は、教室を開くほどの腕前。

お客様をお迎えする気持ちのいい空間

玄関を入ったとき目に入る風景を美しく

玄関にルーバーを設置したため、階段が見えなくなった。LDへの扉にガラスを使用して、光が差し込む空間に。

玄関脇のパウダールーム。鏡にステンドグラスが映り込む。

実例2

水回りの大移動で、マンションでも家じゅうが明るく風通しよく

神奈川県横浜市◎飯澤邸

壁を取り除いて、明るく開放的な空間に

二人の息子さんが独立し、夫婦二人暮らしになったのをきっかけに、マンションのリフォームを決意した飯澤さん。以前は、壁やふすまで何カ所も仕切られているうえに、たくさんの物を収納するための家具も多く、家全体が薄暗い空間になっていました。そんな生活を劇的に変えたのが、「水回りの移動」を含めた大胆なリフォームです。今ではお二人共通の趣味である着物を楽しめる空間もできて、愛犬・愛猫とともに新しい暮らしをのびのびと楽しんでいます。

【DATA】
リフォーム面積／
56.6㎡（約17坪）
構造規模／
RCマンション
家族構成／夫婦

撮影／嶋田礼奈

リフォーム前

昼間でも電気が必要なほど暗い部屋が多く、着物用のタンスなどが圧迫して、くつろげなかった

リビング・ダイニング

ソファとテーブル、収納家具に占領された窮屈な空間。着物が吊るされていることも多かった。

キッチン

セミオープン型のキッチン。昼間でも薄暗く、電気が必要だった。

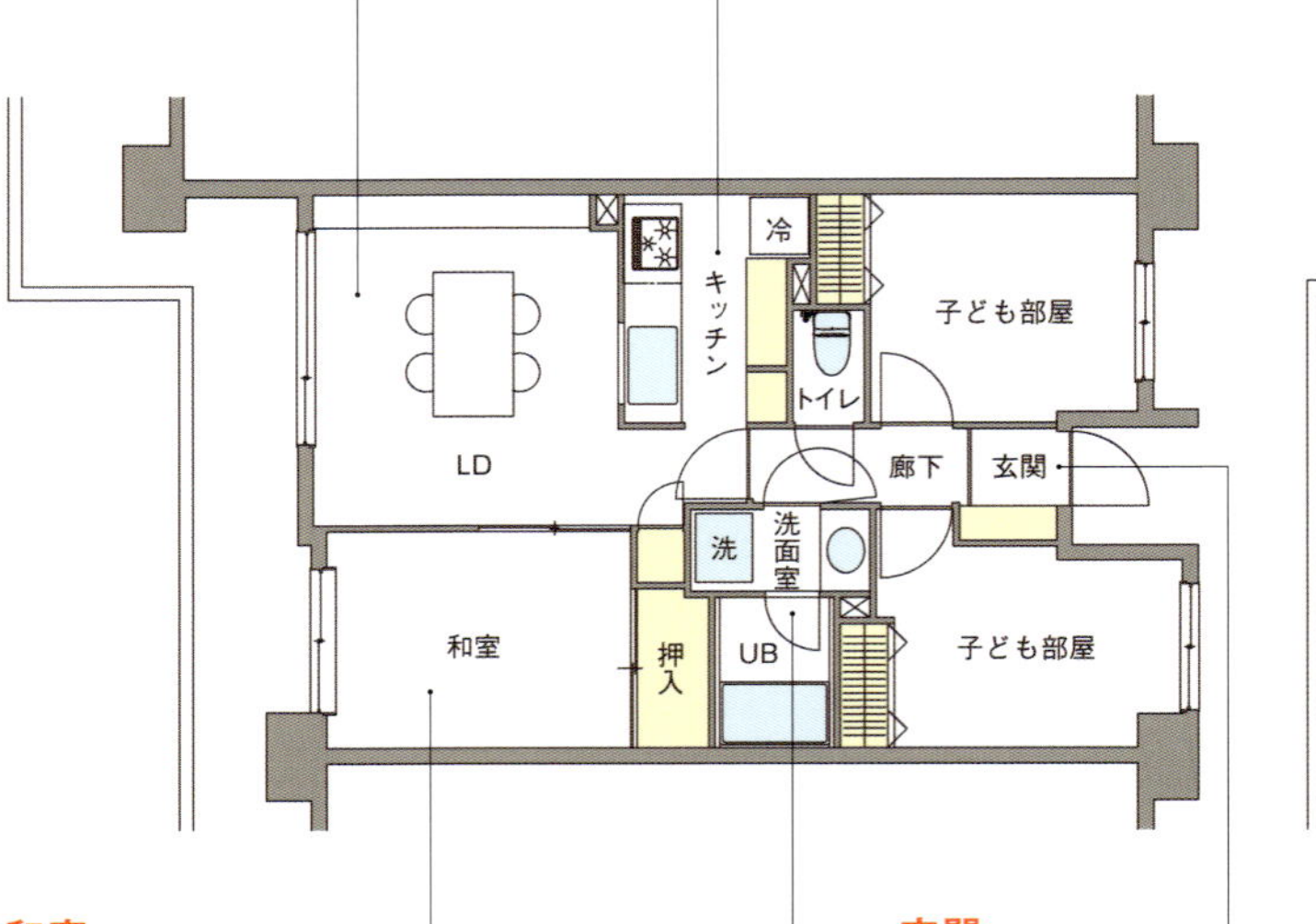

和室

夫婦の寝室……のはずが、物に占領されてしまい、ご主人はリビングで休んでいた。

玄関

光が入らないため、常に電気が必要だった玄関。靴を収納するスペースもたりなかった。

洗面室・浴室

収納のほとんどない洗面室。浴室には窓はなかった。

リフォーム後

収納スペースにすべて物が収まって浴室からも富士山の眺望を楽しめる明るい家に

リフォームのポイント

- ◎ 昼間でも薄暗い家の中を、明るく
- ◎ 置き家具を減らし、造りつけの収納を設ける
- ◎ 着物の収納場所と、着付け教室のスペースをつくる

キッチン

明るいオープンキッチンに変更。家族と会話したり、テレビを見ながら調理することもできる。

洗面室・浴室

廊下の反対側に大移動。浴室には窓を設置し、キッチン越しに窓の外を眺めながら入浴できるように。

寝室

長男の部屋だった洋室にベッドを置いて、夫婦の寝室に。ウォークイン・クローゼットも設けた。

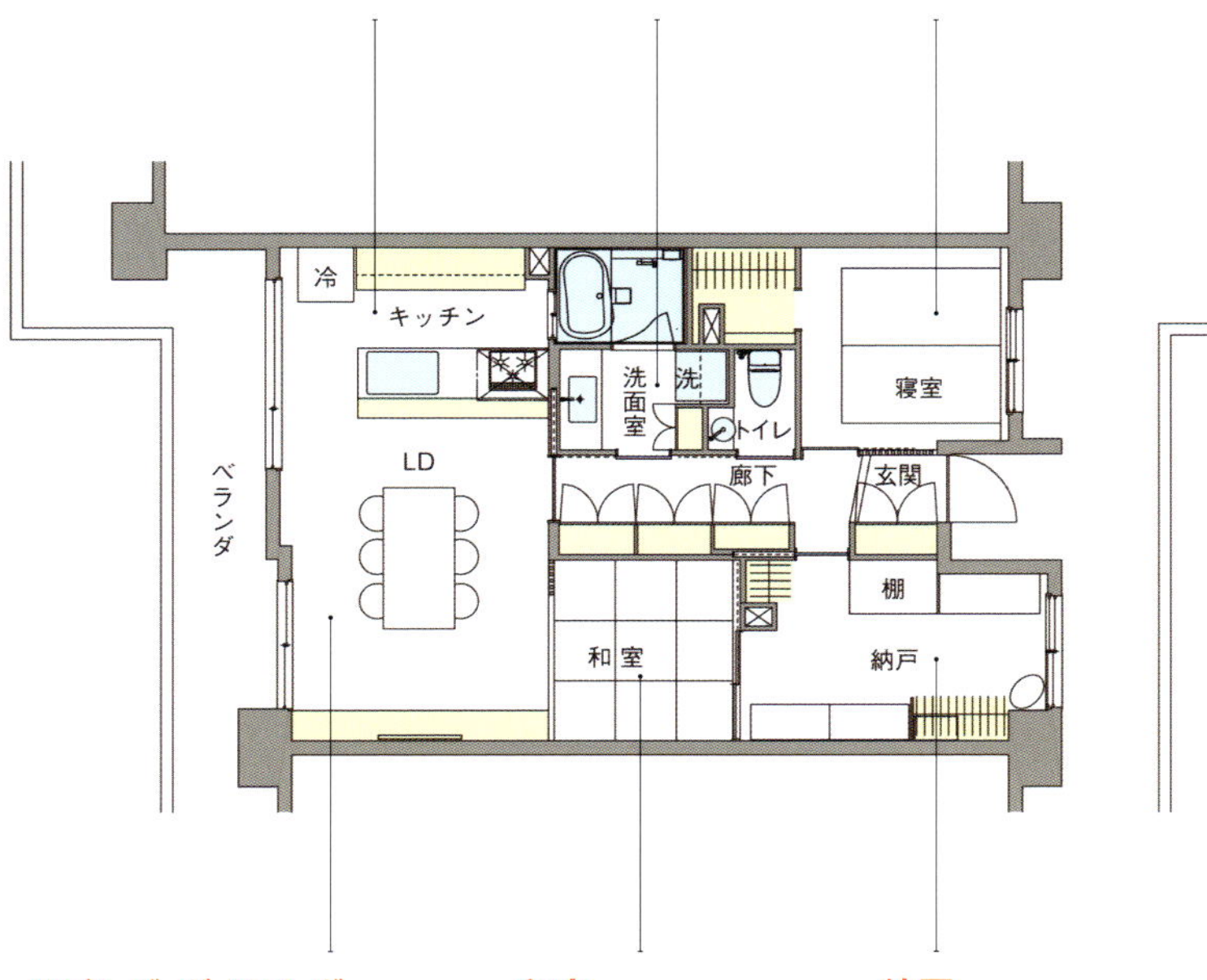

リビング・ダイニング

明るく、広いLDに。ソファを置く代わりに、背が低くくつろげるテーブルセットを設置した。

和室

姿見を設けて、奥様が着付けをするためのスペースに。両側の扉を閉めると、個室として使える。

納戸

たくさんの着物を収納するための居室に。着物に風を通すためのバーも設置できる。

玄関・廊下も日中は電気がいらないほど明るくなった

２つの居室を１つにすることで広く・明るく

LDと和室の間の壁を取り除いて、一日中光が差し込む広いLDに。壁と天井に珪藻土を使用したため、ペットの匂いも気にならない。床には杉の無垢材を使用して、滑りにくく。

リビングから納戸まで光と風の通る間取り

西側のリビングから、和室を通って東側の納戸まで、戸を開けると３つの部屋がつながって、光と風が通る気持ちのいい間取り。

リビングのドアに一部ガラスを使って廊下を明るく

玄関から見た風景。正面の、リビングにつながるドアの一部をガラスにすることで、廊下と玄関に光が通った。

寝室との間の壁をルーバーにして玄関を明るく

以前は、昼間も光が届かず真っ暗だった玄関。隣の寝室との境の壁をルーバーにすることで、光が差し込む明るい空間に。

ペットも人間も快適に暮らせる家になった

リビングの壁にキャットウォークを設置

リビングのテレビ台の周りに、テレビ台と同じ素材でキャットウォークを設置。愛猫も満足そう。

浴室の窓はキッチンにつながる

マンションだからとあきらめていた「浴室の窓」が実現し、ご主人も大喜び。キッチン越しに、晴れた日には富士山も見える。湿気もこもりにくくなって快適に。

以前はリビングにあって落ち着かなかったペットのトイレは、洗面室に。

念願だった「富士山が見える浴室」が完成

趣味の着物を楽しむための空間や収納スペースを充実

着付け教室に使う和室は戸を閉めれば個室に

いつも開け放している和室は、奥の引き戸と手前のロールスクリーンを使えば個室に。着付け教室として使ったり、客間としても活用できる。

和室の壁には、着付け用の大きな鏡を設置。

自立した子どもの部屋を着物を収納する納戸に

次男の部屋だった場所には、着物用のタンスをすべて収納して納戸として使用。天井にはポールを設置して、脱いだ着物をかけられるようにした。

老後を快適に過ごすための工夫もあちこちに

光の差し込む明るいリビング・ダイニング。置き家具がないので広々として開放感がある。

ソファを置く代わりにダイニングチェアを低めに

リビング・ダイニングが狭いので、ソファは置かず低いダイニングチェアを選んだ。それに合わせてテーブルの脚もカット。ゆったりくつろいで座れるダイニングに。

背面収納の充実した料理しやすいキッチン

以前は壁に向かって孤独に料理していたキッチン。90度向きを変えて明るくなった。充実した背面収納のおかげで、物がスッキリ収まって料理も掃除もしやすい。

（左）IHヒーターの下には、鍋やフライパンを収められる引き出し式の収納。
（右）シンクのそばにごみ箱があるので、料理中の動線も短くできる。

【DATA】
リフォーム面積／
42.25㎡（約13坪）
構造規模／
RCマンション
家族構成／夫婦、次男

実例3

中古マンションの収納リフォームですっきりと暮らしやすい家に

東京都杉並区◎F邸

インテリアにさりげなく溶け込む収納スペース

中古住宅を購入して住むときしばしば問題になるのが、〝収納の少なさ〟です。これを置き家具で解決するには、かなりのセンスと、ぴったりの家具を探し続ける根気・労力が必要。そこで、入居前に「収納リフォーム」をするという賢い選択をしたのが、Fさんです。

夫婦と大学生の息子、そして愛猫が気持ちよく暮らせるように、大容量の収納を設けました。収納スペースは、インテリアに溶け込むように設計されているので、圧迫感もなく広々と暮らせます。

撮影／永野佳世

リフォーム前

造りつけの収納がほとんどなく、家具も置きにくい変形マンション

リビング・ダイニング

約25㎡の広々としたLD。四角ではなく変形になっているため、家具選びが難しい。

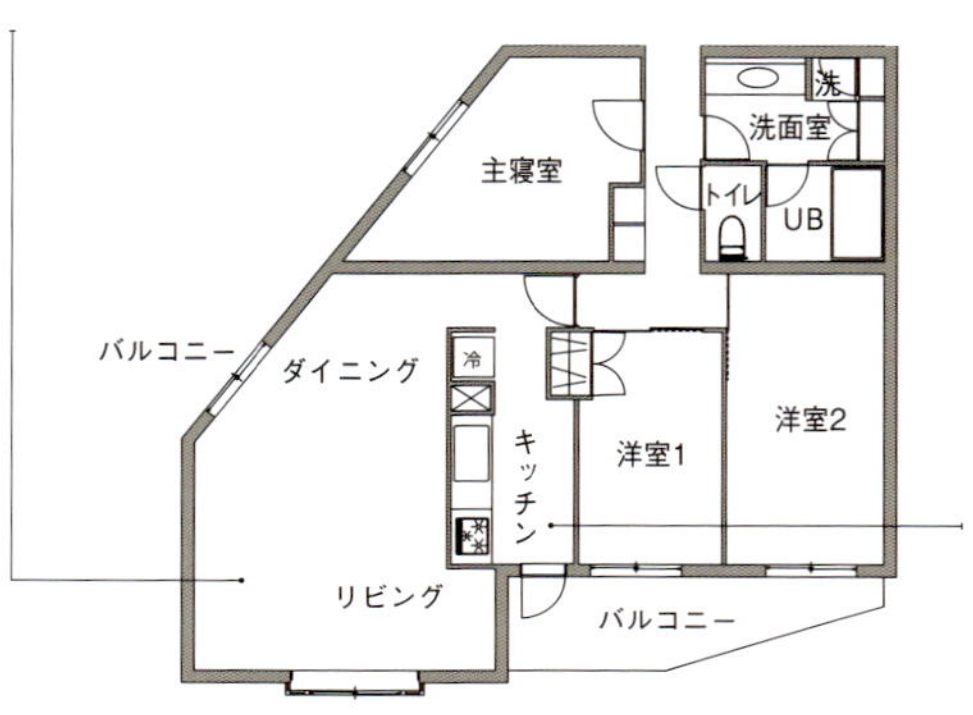

キッチン

キッチンの背面には収納がなく、食器棚などの収納家具を置くスペースになっていた。

リフォーム後

大容量の収納スペースで物が外に出ないスッキリした家に

ダイニング

キッチンカウンターの裏側を、大容量の収納スペースに。ワインセラーも設けた。

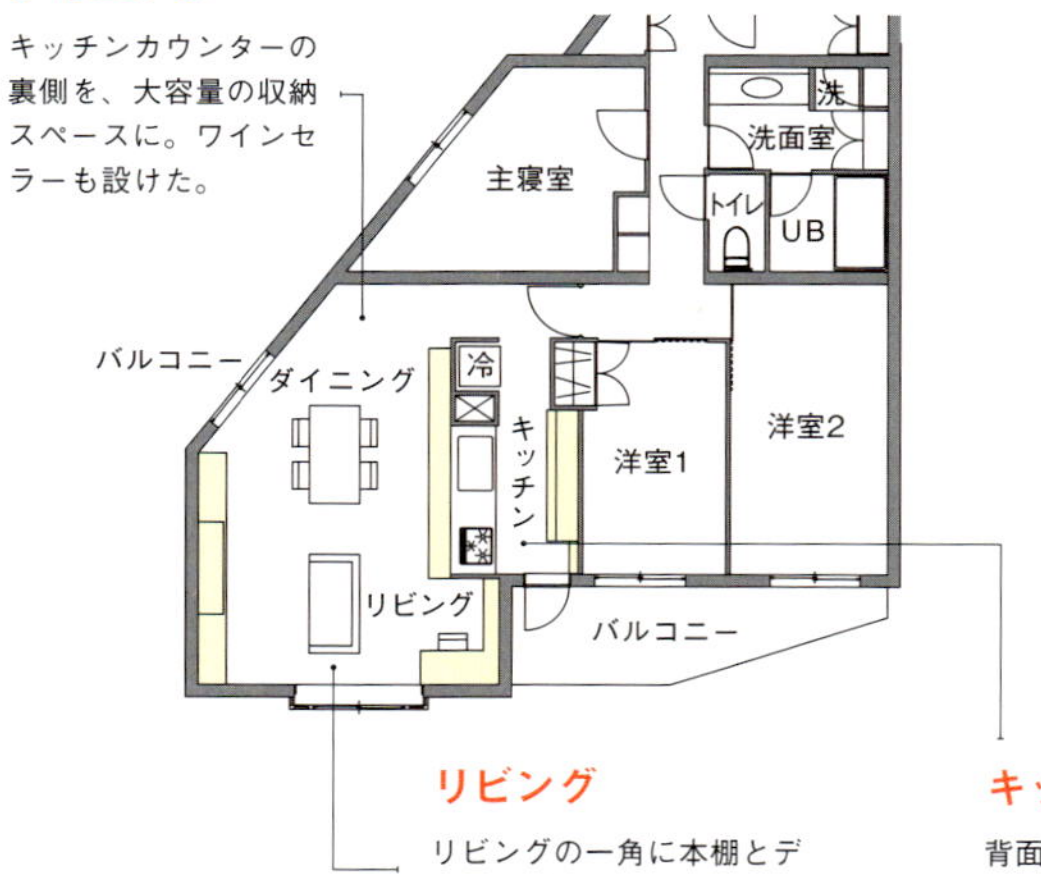

リビング

リビングの一角に本棚とデスクを設置し、書斎スペースに。テレビ台は低く、横に長くすることで開放感のある空間に。

キッチン

背面の壁全面にカウンター収納と吊戸棚を設け、たくさんの食器やグラスが収まるようにした。

リフォームのポイント

◎ キッチンに背面収納を充実させる
◎ ダイニングに大量の収納スペースを設置
◎ 猫も暮らしやすいような工夫をする

趣味のワインと読書を楽しめるリビング・ダイニング

ワインセラーをカウンターの中に

ワインが大好きな妻と息子のために、ダイニングのカウンターの端をワインセラーに。扉を閉めてしまえば全く存在感がない。

LDの一角に本棚と書斎を設置

読書が趣味という妻のリクエストで、リビングの一角に本棚を設置し、「見せる収納」。さらに小さなデスクを置くことで、書斎として使えるスペースに。

ダイニングの大量収納スペースで家の中が片づく

キッチンカウンターの裏側を使って、大容量の収納スペースを設置。リビングやダイニングに散らかりがちな文房具や書類、薬、パソコン周辺機器、テーブルセッティングの道具などがすべて収まった。

キッチンに背面収納とカウンターを設けて使いやすく

背面収納を充実させ 物の出ていないキッチンに

キッチンスペースの背面に、家電が置けるカウンター型の収納スペースと、吊戸棚を設置。食器類がすべて収まった。モザイクタイルがアクセントになっている。

ワイングラスは「吊るす収納」に

吊戸棚の一部をガラス扉にして、ワイングラスを吊るせるスペースを設置。以前夫と息子が一緒につくった、思い出のワイン棚の一部を組み込んだ。

奥行き12センチでも パントリーはつくれる

キッチンの端に設けたパントリー。薄くても思った以上の収納量があり、猫のごはんもここに収納。扉を閉めれば壁のように見える。

引き出しの中に 引き出しを増設して 収納力アップ

洗面室の深い引き出しの中に、小物類を収納できる浅い引き出しを増設した。外からは見えないけれど、収納力がグンとアップ。

壁の一部をインテリアのポイントに

印象的な飾り壁をフォーカルポイントに

リビングのドアを開けると目に入るのが、オリエンタルな雰囲気の飾り壁。家全体の印象を一段アップさせる効果がある。

シンプルな洗面室の壁をアクセントタイルに変えて、インテリア性をプラス。

猫が自由に行き来できるドアを3カ所に設置

キッチンのパントリーの下部分を空けて、猫のごはん置き場に。

3カ所のドアに、猫のためのドアを設置。ドアの開け閉めが減り快適になった。

玄関の正面にも同じ壁を設置。好きな雑貨を吊るしてインテリアを楽しむこともできる。

第1章

生活動線の問題を解決する

複雑な動線を直して住む人が主役の家に

リフォームを考えるときに、ぜひ解決したいのが〝動線〟の問題です。生活するうえでの動線がよくないために、片づけても片づけても物が散らかってしまったり、毎日の家事に無駄な時間やエネルギーを使っていることがよくあります。しかし、長年暮らしているうちにそれに慣れてしまって、不便さに気づいていない方も多いのです。リフォームによってねじれた動線が整理され、短くなって初めて、「今までどんなに我慢して暮らしていたのか気がついた」という方がたくさんいます。

動線を改善することで、ストレスが軽く、疲れにくくなり、毎日が快適になるはずです。「家に合わせて住む生活」から、「住む人が主役の生活」へと変えることができるのです。

洗面室・浴室

「プライベートスペース」が分散していると暮らしにくい

ダイニングでお客様とおしゃべりをしていたら、ゆっくり起きてきた家族がパジャマ姿で部屋を横切って行った……。そんな恥ずかしい経験はありませんか？

こういう事態が起きるのは、家の中の「プライベートスペース（寝室や浴室、個室など）」と、「パブリックスペース（リビングやダイニングなど）」の動線が交差してしまっているから。そこで、私がいつもリフォームで提案しているのは、「寝室と洗面室・浴室などのプライベートスペースを近くにまとめる」というプランです。

欧米の家では、それぞれの個室に専用のバスルームが備えつけられているのが普通です。日本の住宅事情でそれを真似るのは難しいですが、水回りを寝室に近づけることで、住まいやすくすることができます。ホテルのようなプランなので、私はこのような間取りを「ホテルプラン」と呼んでいます。これにより、家族が個人の物をリビングやダイニングに持ち込むことも減らせます。

プライベートスペースをまとめた事例

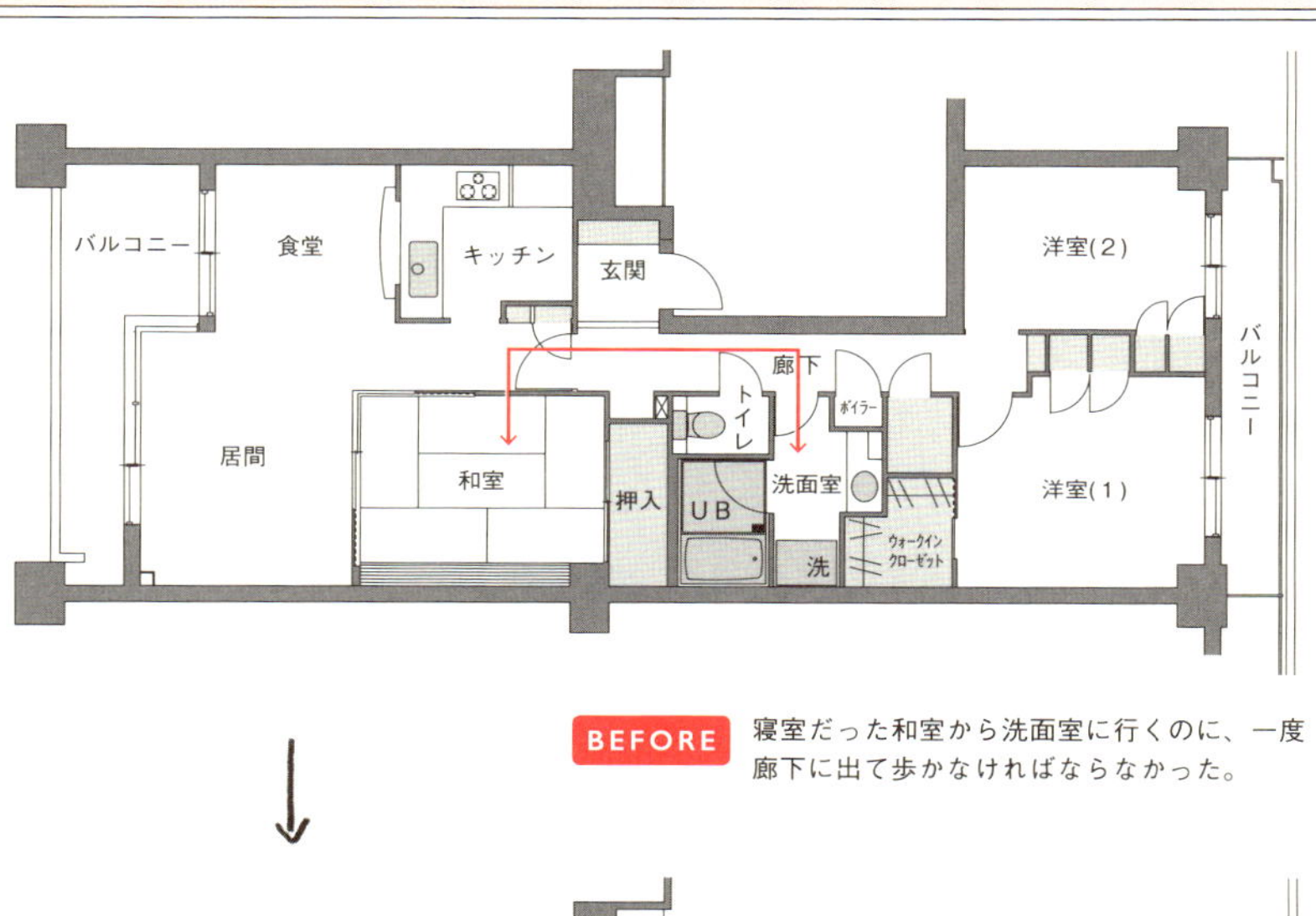

BEFORE 寝室だった和室から洗面室に行くのに、一度廊下に出て歩かなければならなかった。

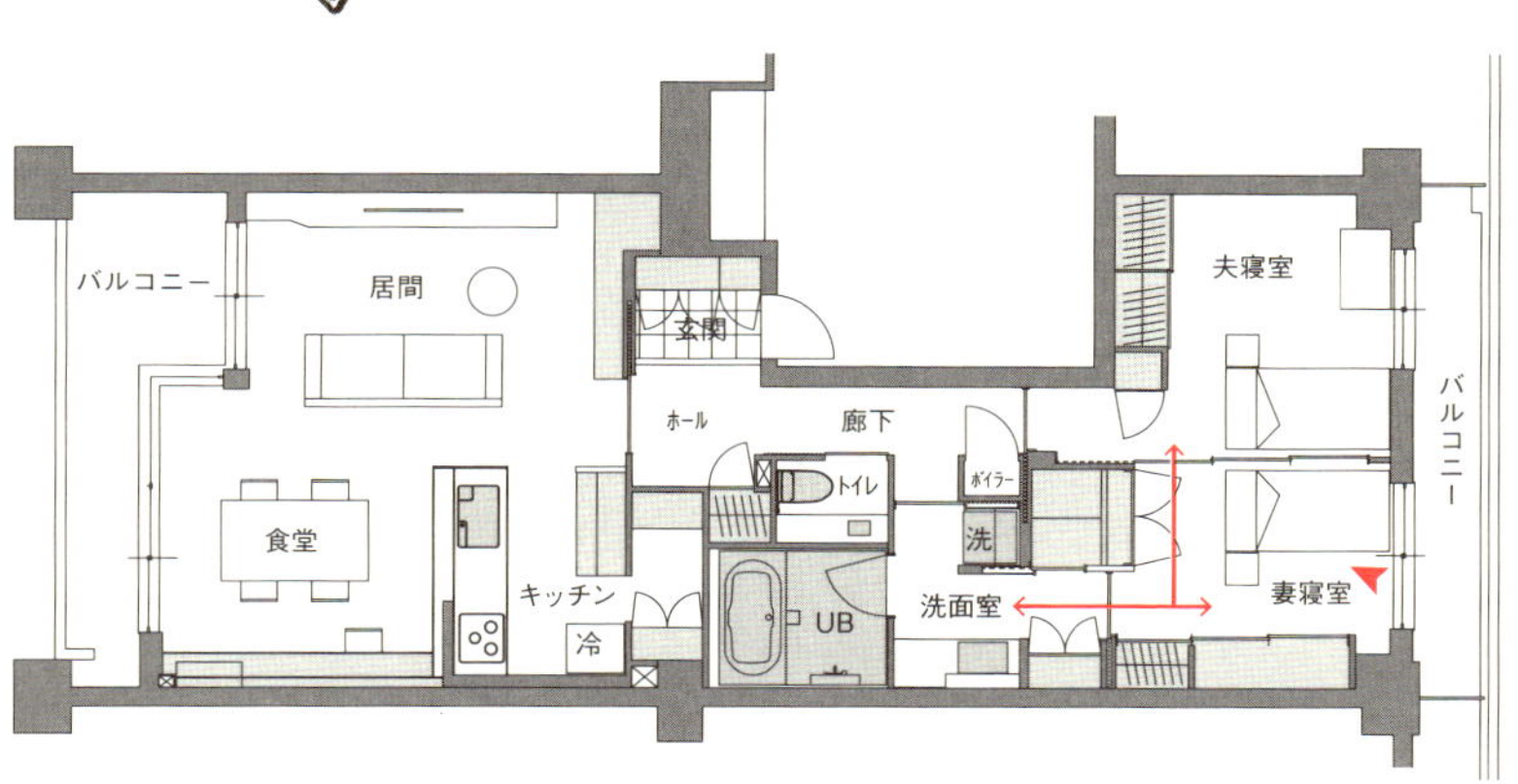

AFTER 寝室と洗面室が扉一枚でつながり、直接移動できるようになった。夫と妻のスペースは必要な時に仕切れる。

朝の身支度や、夜寝る前の動線が短くなって快適に。

寝室

階段を上り下りする回数を減らす方法

寝室から洗面室に直接入ることができると快適。

一

戸建ての場合、浴室・洗面室と寝室が1階と2階に分かれている家は多いものです。朝起きて身支度をするときや、夜寝る前には、何度も階段を上り下りしなくてはなりません。若いときには平気でも、年齢を重ねるにつれて、負担に感じてきます。

そこで、スペースに余裕がある場合は、寝室を1階に下ろす提案をすることがあります。一日に階段の上り下りをする回数がグンと減らせます。

それができない場合は、逆に浴室・洗面室を2階に上げて、寝室と同じフロアにするという提案をすることもあります。以前、木造の家屋は完全な防水が難しく、浴室を2階に設けることはできなかったのですが、現在ではユニットバスが主流になり、間取りが自由になりました。

いずれにしても、洗面室が1階と2階の両方にあれば、暮らしはぐっと快適になります。

洗面室と寝室を同じフロアにした事例

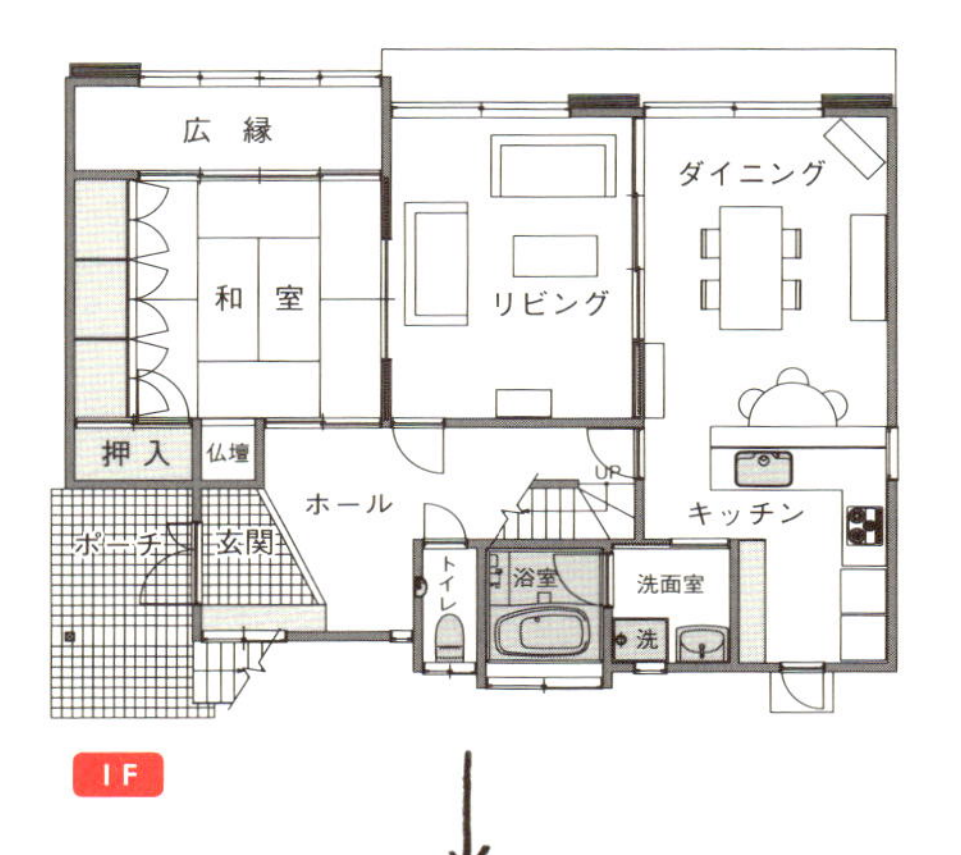

1F

BEFORE

寝室が2階にあったので、毎日階段の上り下りが多かった。

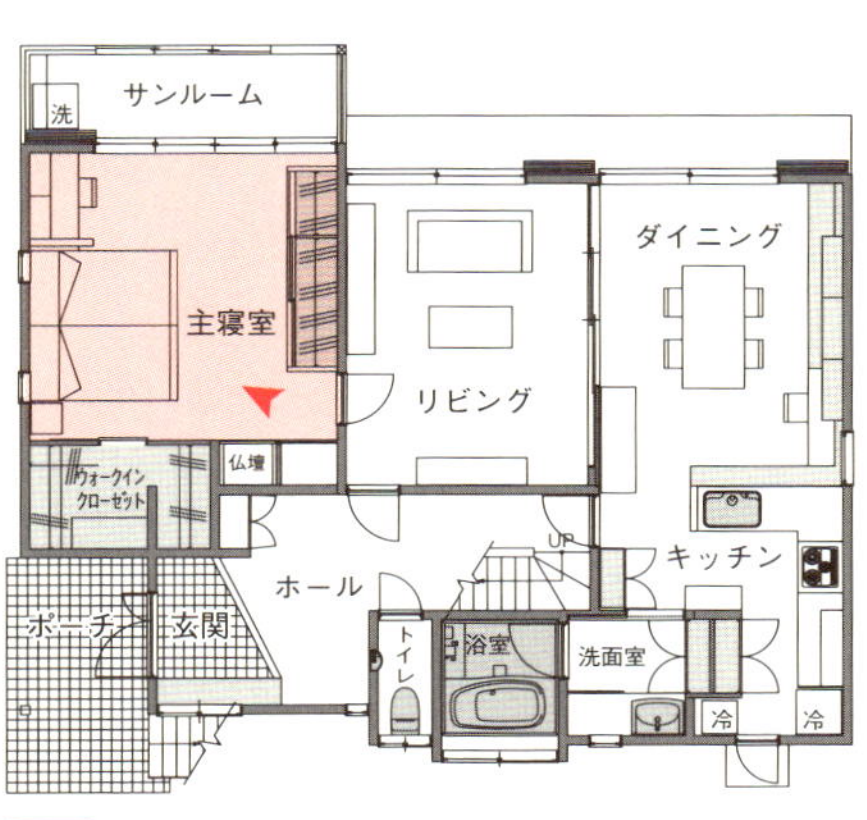

1F

AFTER

1階の和室を寝室に変更。2階に上がる回数がグンと少なくなり、生活がラクになった。

寝室と洗面室・浴室が同じ階にあるので、朝起きてすぐに身支度ができ、夜寝る前の準備もスムーズ。

洗面室など

「ウォークスルー」で身支度がラクになる

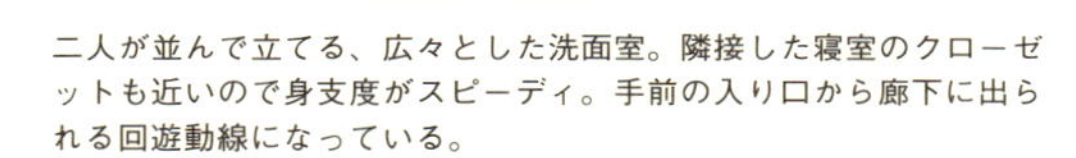
二人が並んで立てる、広々とした洗面室。隣接した寝室のクローゼットも近いので身支度がスピーディ。手前の入り口から廊下に出られる回遊動線になっている。

朝

シャワーを浴びたり、洗面室でシャンプーをする人が増えています。しかし日本の住宅では浴室や洗面室が家族の共有スペースなので、忙しい朝の時間など、混雑して困るという家庭も多いでしょう。

洗面室ですることは、多岐にわたっています。洗顔や歯磨きのほかに、髪の毛のセットやメイク、髭剃りなど。ここで化粧をしたり、アクセサリーを選んだり、コンタクトを装着する人もいるでしょう。それを考慮すると、洗面台はできるだけ広く、二人が一緒に立てるようなスペースがあると快適です。さらに、洗面室がウォークスルー（寝室から出入りできる動線）になっていると、寝る仕度や朝の仕度がスムーズになります。

また、洗面室や寝室、クローゼットが回遊動線になっているプランも、忙しい人には大変便利ですし、身仕度が時短になります。

寝室と水まわりを回遊動線にした例

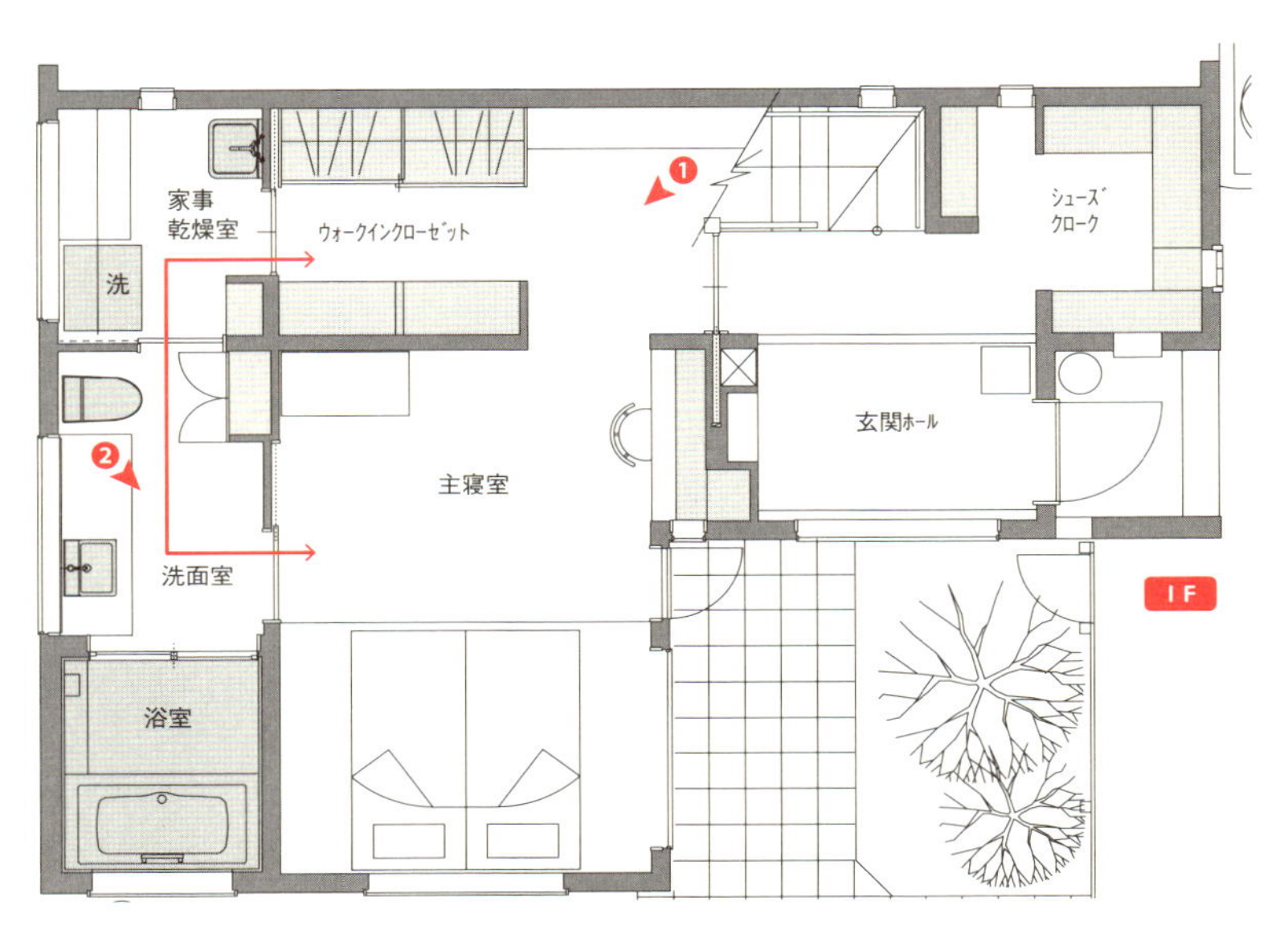

洗面室がウォークスルーになっていて、寝室や着替え室につながっている。

❶洗面室の隣に家事室があり、ウォークインクローゼットへと抜けられる。さらに寝室にもつながり、回遊動線になっている。

❷洗面所から寝室へとつながっている。浴室の手前にはトイレがある。

「脱ぎっ放し」になる理由を考えてみる

「夫や子どもが、脱いだ洋服を片づけないんです」「わざわざリビングで着替えるので、散らかってしまって」。こんな愚痴を聞くことがよくあります。

どうして、自分の部屋や寝室ではなくリビングで着替えるのでしょうか。「外から帰ってきてすぐにくつろぎたいのに、クローゼットの場所が遠い」という理由が考えられます。また、「冬はリビングのほうが暖房が入っていて温かいから」という人もいるかもしれません。寝室が2階にある家ではとくに、いちいち着替えに上がるのが面倒になるでしょう。

そんな家庭では、玄関の近くにコートをかける場所を設けたり、クローゼットを寝室ではなく、リビングの近くに置くというプランをおすすめすることがあります。

もうひとつ、服を脱ぎっぱなしにしないためのアイデアは、「まだ洗わない服の一時置き場」をつくること。脱いだ服を椅子などにかけたまま……がなくなります。

クローゼットをリビングの近くに移動した例

BEFORE

クローゼットは2階の寝室にあるので、いちいち上がるのが面倒で、夫はリビングやダイニングで着替えていた。

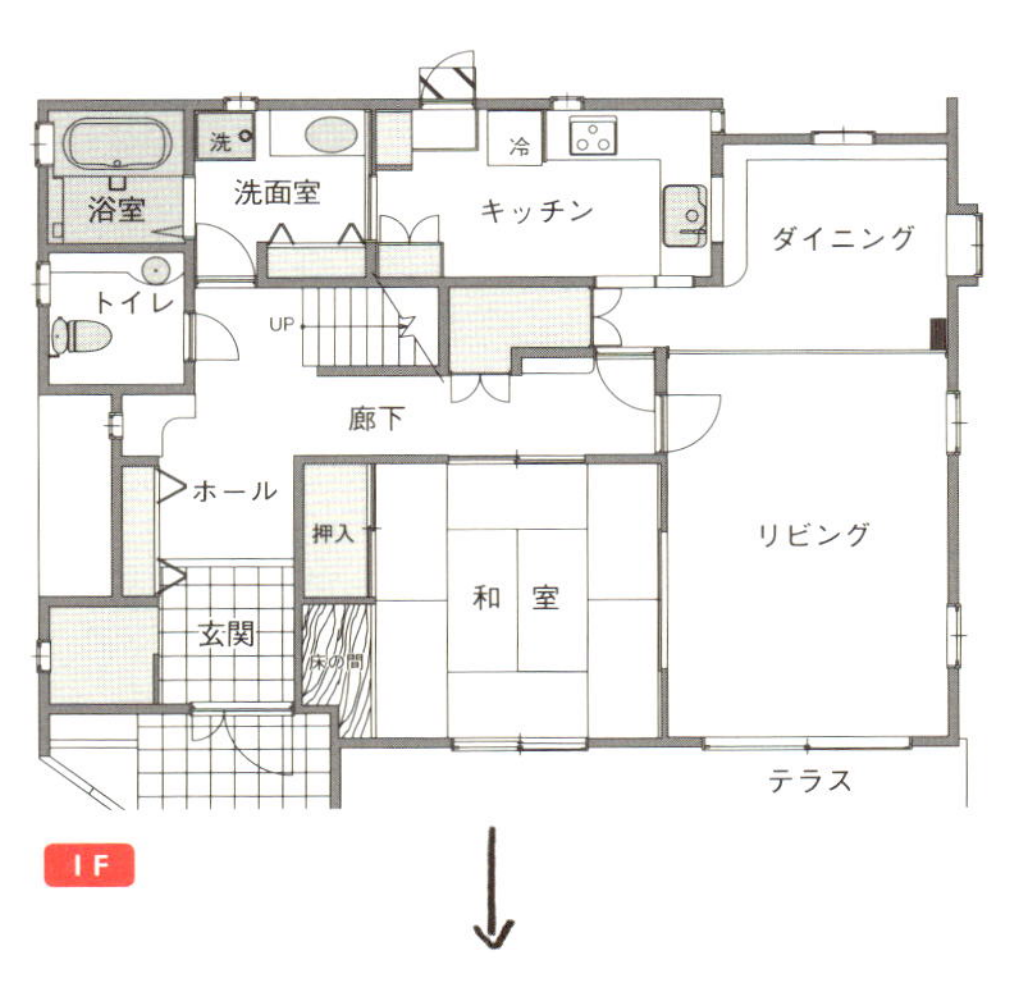

1F

AFTER

クローゼットを1階に移動。帰ってすぐ着替えられるので、服が散らからなくなった。

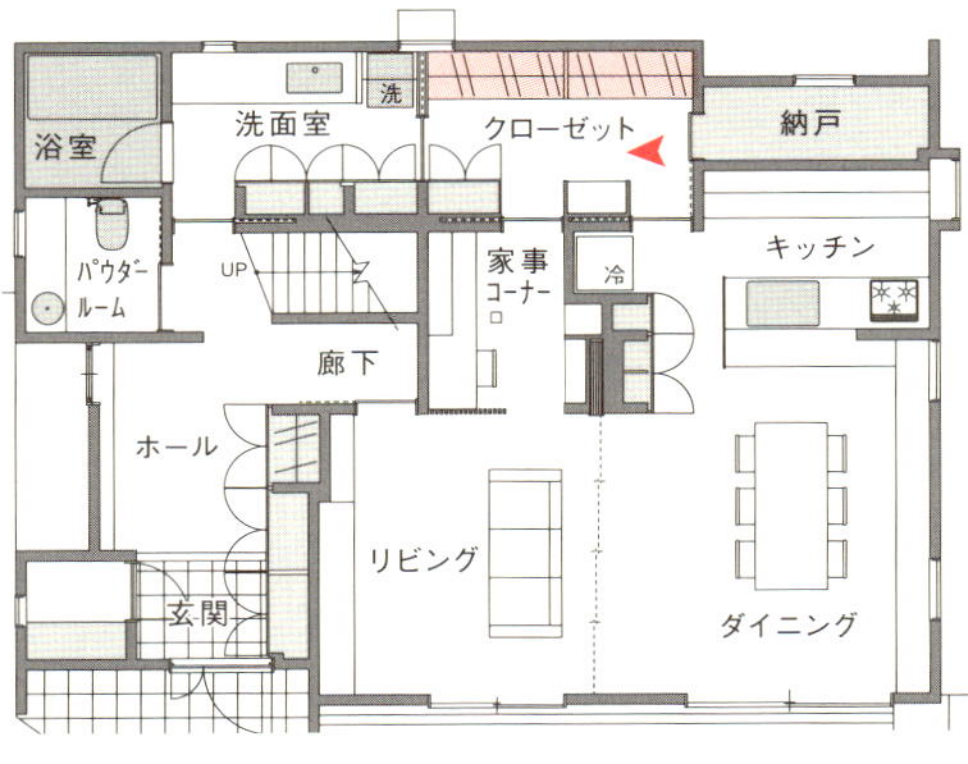

1F

1階に設けたクローゼットの例

リビングの隣にあるクローゼット。洗面室、浴室へと続いている。脱いだ服は天井のバーに吊るして風を通すこともできる。

二世帯の寝室

洗面室・浴室の工夫で同居のストレスが軽減

個室に専用の洗面室を設ける

クローゼットの一角の戸を開けると、洗面室が出現。自分だけのスペースなので、早朝でも夜中でも気兼ねなく使うことができる。

二世帯同居のリフォームプランでは、世帯同士の生活動線ができるだけ交わらないようにするのが、住まいやすくするポイントです。完全に生活を分けない場合でも、「すれ違いながら暮らせる」間取りを工夫したいものです。

そのためのカギとなるのが、「洗面室や浴室の場所」。それぞれの世帯に別々の洗面室を設け、さらに、浴室に行くまでの動線が交わらないようにできればベストです。

子ども世帯が、夫や妻に先立たれてひとりになった親と同居するケースも多いでしょう。そんなときも、親の個室に小さな洗面室をひとつ設けることで、同居のストレスがずいぶん軽くなります。入れ歯などあまり人に見られたくない物も置けますし、朝早く起きても誰にも気兼ねなく洗面室を使えます。椅子を置いて、ゆっくり化粧をすることもできるので、自分専用の洗面室は、高齢者にとって大変快適です。

二世帯同居の間取り例

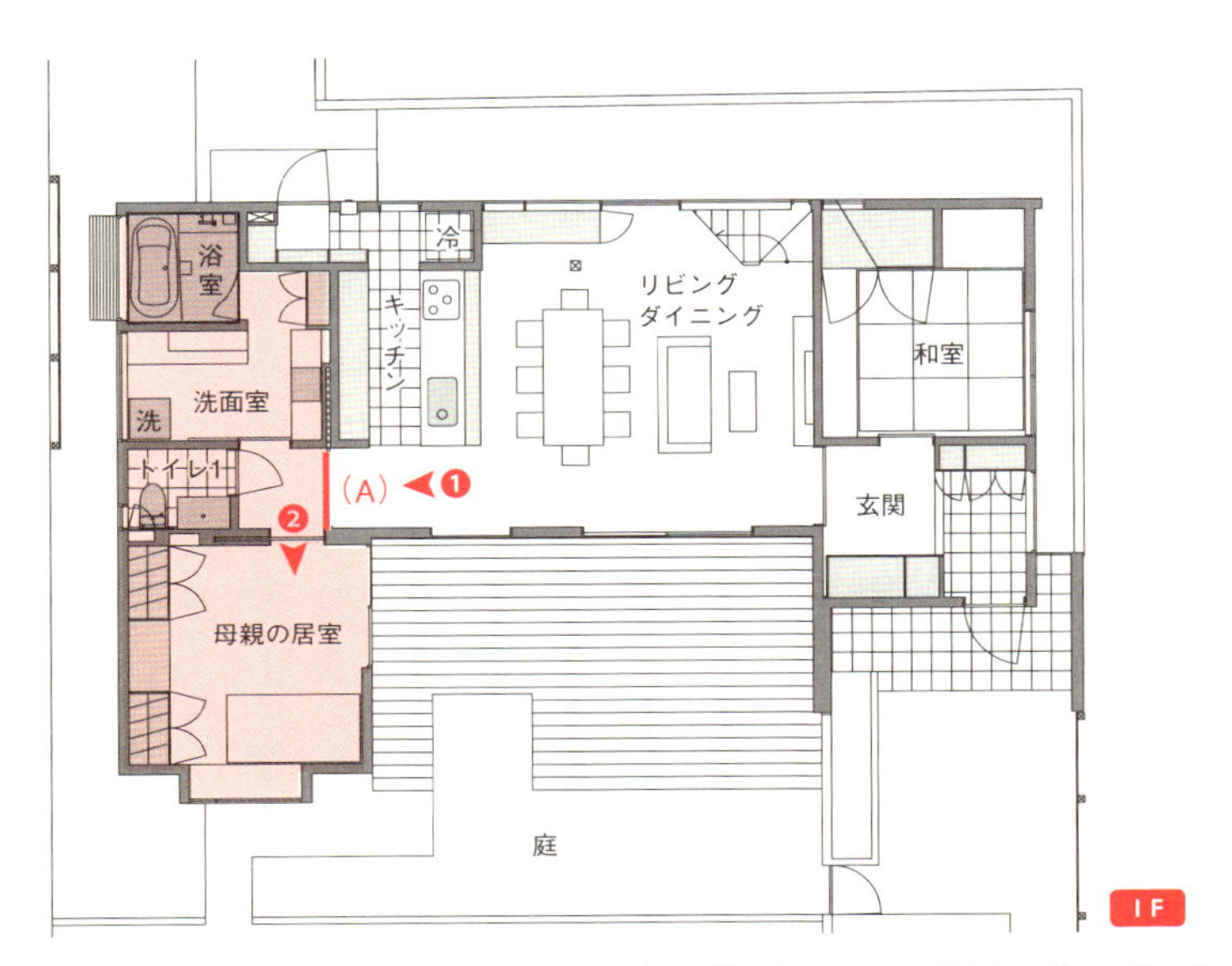

ダイニングとの間の戸（A）を閉めると、母親の居室から洗面室、トイレ、浴室までがつながって、独立した住居として使うことができる。来客時にも、リビングなどを横切る必要がない。

❶奥の戸を入ると、左が母親の居室、右が洗面室、トイレ、浴室。

❷母親の居室。窓からは日差しがたっぷり入り、庭の緑が見渡せる。

パウダールーム

玄関の近くに、手洗い場つきのトイレを設ける

玄関の隣に設けられたパウダールーム。鏡がついているので、お客様は化粧直しなどができる。

お客様が通る場所は、通常リビング・ダイニングだけと限られています。それ以外に行くとしたら、洗面室とトイレです。

しかし洗面室はプライベートな物が多く置いてある場所なので、お客様が手を洗う場所は、家族が身だしなみをする場所とは別にあるのが理想です。

そこで、よく提案するのが「パウダールーム」の設置です。小さい手洗いスペースと鏡がついたトイレのことで、用を足すだけでなく、手を洗ったり化粧直しもできる場所です。パウダールームを玄関の近くに設けることで、お客様を家の奥まで案内する必要がなくなります。家族がよく使うトイレとは別にすれば、ほかの家族の生活動線とも交わることがないので、より安心です。

小さい子どものいる家庭では、外から帰った子どもがすぐトイレを使うことも多いものです。帰宅してすぐに手を洗う場所としても使えて便利です。

玄関

コートを部屋に持ち込ませない

リビング・ダイニングに入る手前に設けられたコートかけ。

外に出るときだけ必要な物は、玄関に収納しておけると便利ですし、家が散らからなくてすみます。その代表的な物が、コートや上着です。

コートをかける場所が玄関から遠いと面倒で、ついソファや椅子の背にかけておいたりするので、家の中が散らかる原因になります。クローゼットが2階にある家や、お客様が多い家、子どもが小さい家はとくに、玄関にコートかけが必要です。

玄関にどうしてもコートかけのスペースが取れないときは、リビングの手前につくることもあります。

同じように、ストールや帽子なども置いておけると便利です。通勤バッグの置き場所があると、玄関で「会社モード」から「リラックスモード」へと気分を切り替えることもできます。花粉や汚れを家の中に持ち込まなくてすむなど、利点がたくさんあります。

窓の性能を上げて寒さを改善する

手軽で効果がある窓のリフォーム

一戸建てはもちろん、マンションでも寒さに悩まされることがあります。寒さを改善する手軽で確実な方法としては、窓を二重サッシにするというリフォームがあります。壁の断熱材を入れ替えたり、吹き直しまではできない場合でも、窓のリフォームなら、手間もコストも抑えられる割に効果は確実です。

省エネや防音効果もあるのでおすすめ

二重サッシは、昔から北海道などの寒い地域で取り入れられていた方法ですが、最近では全国的に普及しています。冬場に多い結露やカビの発生も、二重サッシで防ぐことができますし、省エネや防音効果を目的に取りつけるケースも増えています。かつては、窓のガラス部分にもう一枚ガラスをつけて、ペアガラス風にすることもよくありましたが、二重サッシのほうが効果があります。

もうひとつ手軽な方法として、「ハニカム構造」を使った断熱カーテンを利用するのもおすすめです。

リフォームで寒さを改善するポイント

窓

二重サッシにする

既存の窓の内側に断熱サッシをつけることで、気密性や断熱効率が上がる。冷暖房器具を使うときにも省エネや節約につながり、防音効果も期待できる。

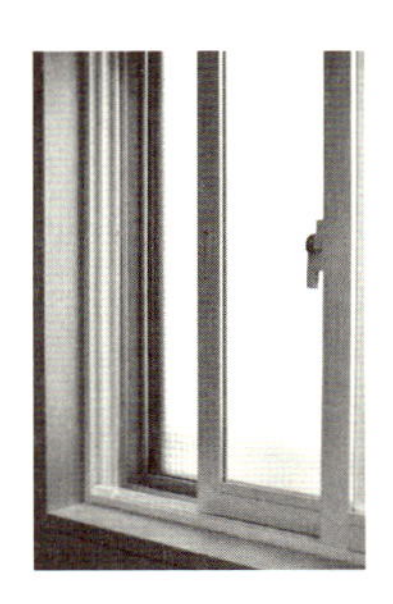

カバー工法

既存の窓枠の上から新しい窓枠を取りつける工法。壁や床を工事する必要がないので手軽だが、開口部がひと回り小さくなってしまうという欠点がある。

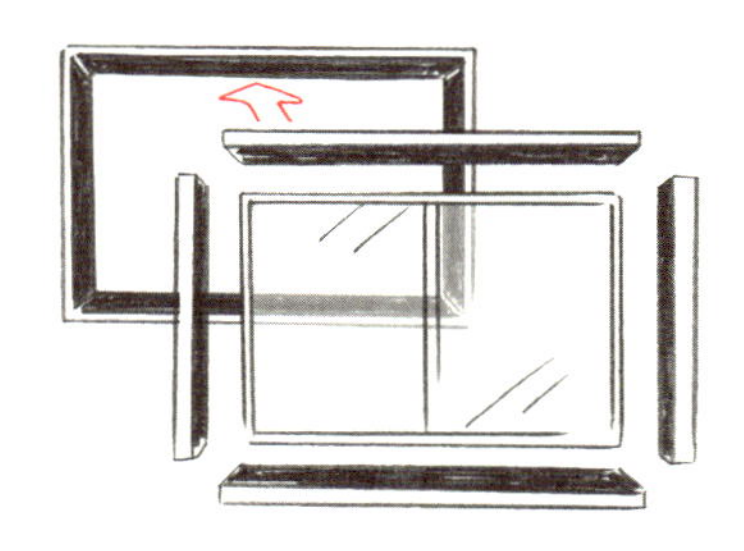

断熱カーテン

ハニカムスクリーン＆サイドレール

蜂の巣の形のような「ハニカム構造」で、窓と部屋の間に空気層をつくるので、外気を入れず、部屋の温かさを逃がさない。両サイドにコの字型の専用レールを設置すると、さらに断熱効果が上がる。

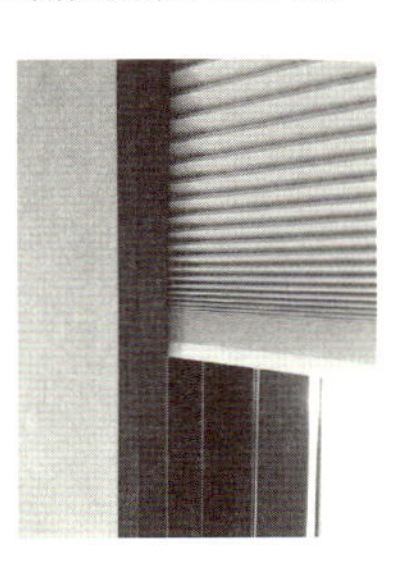

その他

床に断熱材を施工

床下に断熱ボードや断熱パネルを施工するという方法も効果は高い。床下に人が入る空間があれば、壁や床をはがす必要がないので、２～３日で工事が可能。

間取りを変える

中廊下が風の通り道になり、家全体が冷える原因になっている場合は、思い切って間取りを変えることで、寒さを軽減することができる。

第2章

家事を効率的に時短にする

家事で歩く距離は短ければ短いほどいい

毎日のルーティンな家事にかける時間は、短ければ短いほどよいと思います。

洗濯のために、バタバタと家の中を走り回っている。いつも片づけばかりしている。料理に時間がかかる……こんな家では、間取りや設備のレイアウト、家電の置き場所などに問題があるのかもしれません。

リフォームで家事動線を短くできたら、家事に取られる時間はぐんと短くなり、体への負担も減らせます。たとえ10分の差であっても、それが何十年も積み重なると膨大な時間になります。その分時間を有効に使うことができれば、暮らしはもっと豊かになるでしょう。

また、家事動線を見直すことは、家の中を散らかりにくくすることにもつながります。

キッチン

「広いほどいい」という常識のウソ

冷蔵庫にもレンジにもすぐ手が届くように

シンクと冷蔵庫を行き来するのに時間がかかっていたキッチンが、リフォームでコンパクトに。料理しやすく、片づけやすくなった。

キッチンを使いやすくリフォームしたいと思っている人は多いでしょう。「キッチンは広いほうが使いやすい」と思う人がいるかもしれませんが、実際はそんなことはありません。

例えば冷蔵庫とシンクが離れているようなキッチンでは、料理するためにかなり歩き回らなくてはなりません。シンクから遠いところに食器棚があったら、片づけに時間がかかります。ひとりで料理をすることが多いのなら、キッチンはコンパクトにしたほうが使いやすく、料理や後片づけがラクになります。

よく提案するのは、キッチンの壁を取ってオープンにしてダイニングに向かう「対面式」のキッチンです。背面を家電などが置けるカウンター型の収納スペースにすれば、手を伸ばしたり振り返るだけでたいていの物に手が届く、快適なキッチンになります。キッチンと背面収納の間隔は広くしすぎず、75〜80センチがおすすめです。

キッチンをコンパクトにした例

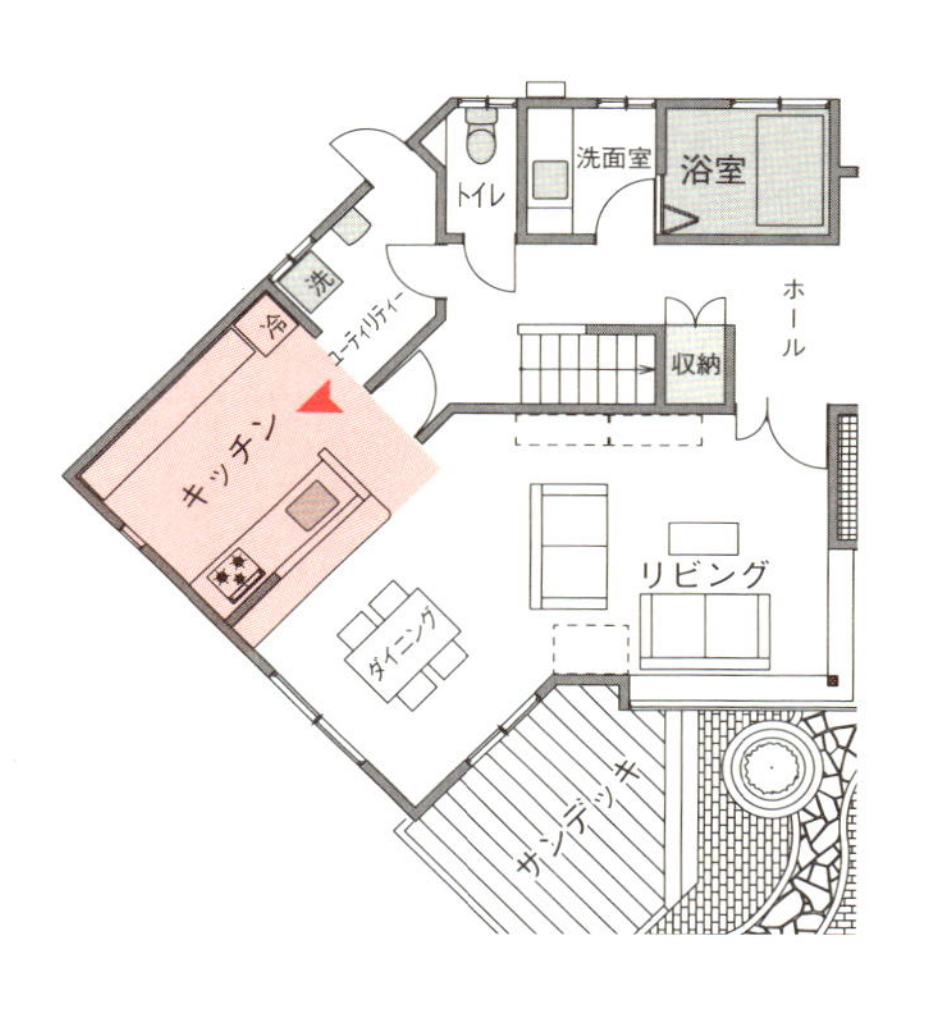

BEFORE

キッチンの通路が広く、料理するために歩き回らなくてはならなかった。

↓

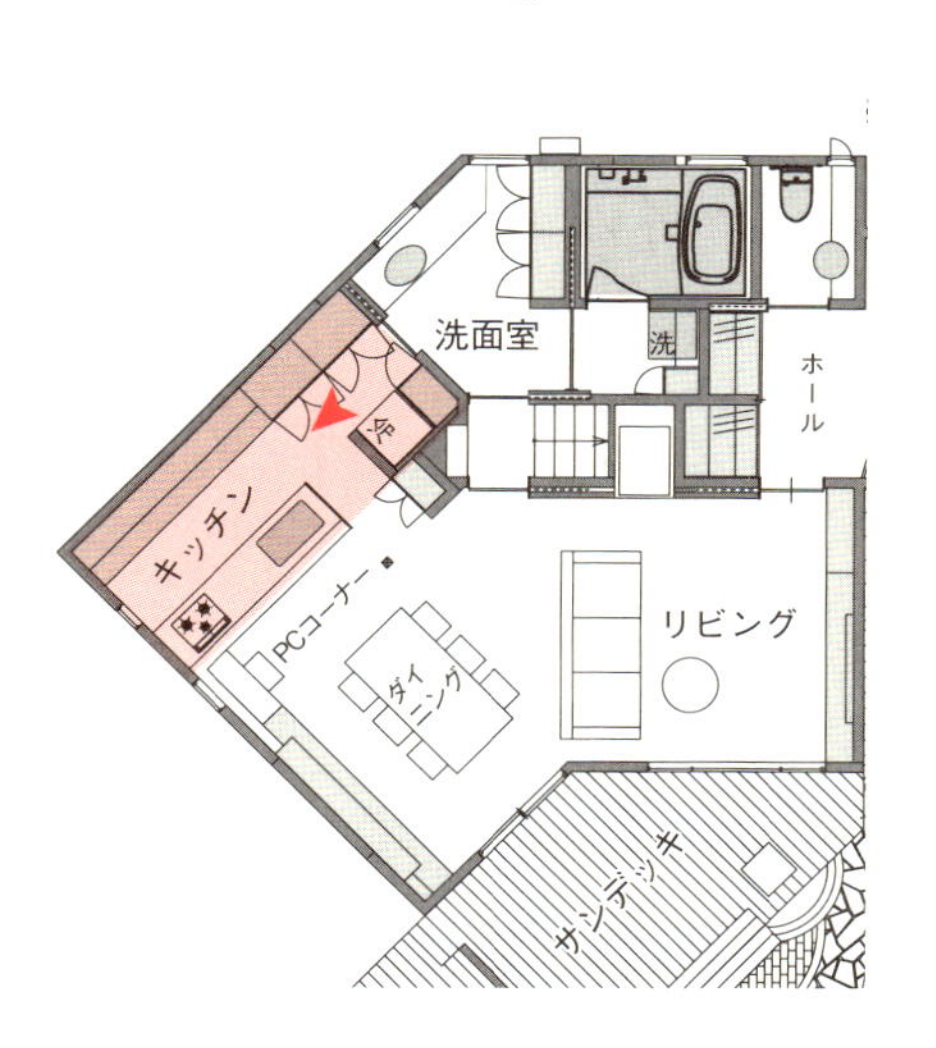

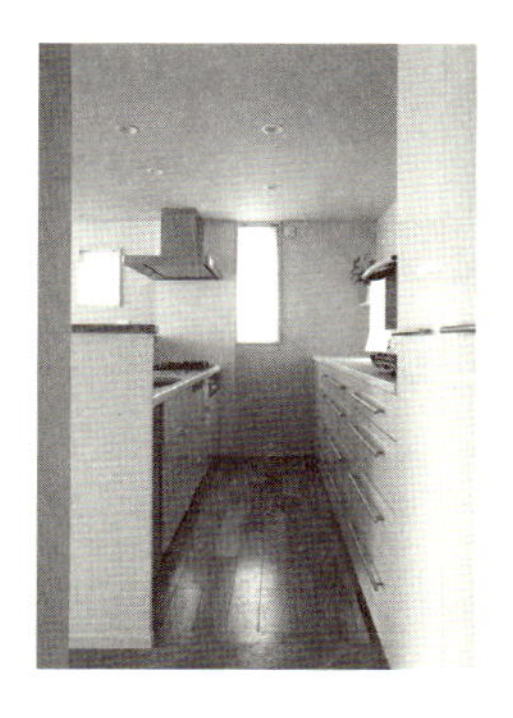

AFTER

キッチンの通路を狭くして、コンパクトに。収納スペースはさらに充実させた。

キッチン

歩かずに料理できる調理スペースをつくる

ワンアクションで手に取れる収納

シンクの下に引き出し式のゴミ箱があると便利。オープン棚には、乾かしたいボウルや鍋などを収納できて、引き出すだけで手に取れる。

いろいろな設備の配置や収納場所によっても、キッチンの使いやすさは格段に変わってきます。

例えば調理中のゴミを捨てる場所が調理台から遠いと、いちいち捨てるのが面倒で、調理台が散らかってしまいがち。電子レンジの場所が調理台から遠いのも不便です。調味料はレンジの近くにあるほうが料理しやすいですし、食器洗い機の後ろに食器の収納場所があると、しまうのがラクです。

システムキッチンでも、以前は開き戸の収納が多かったのですが、最近は収納量が多く取れる引き出しになっているのが一般的です。また、一部をオープン棚にするのも、ワンアクションでボウルや鍋が取り出せて使いやすいものです。

収納の中は、よく使うものを視線や手の届きやすい場所に収めるようにします。

キッチンリフォームの例

BEFORE

開き戸式の収納は、中をのぞき込まないと見えないし、取り出しにくかった。

AFTER

引き出し収納なら、奥までひと目で見渡せるし、物が取り出しやすく、しまいやすいうえ、収納量も増える。

引き出すだけの スライド棚が便利

スライド式の棚なら、必要なときに引き出すだけで使えるので便利。

ダイニング

ダイニング・キッチンは意外に効率が悪い

食事の風景が、正座してちゃぶ台を囲む形から、テーブルで食べる形へと変わるのに伴って、料理するところと食べるところを一緒にしたダイニング・キッチンが、1970年代から流行するようになりました。しかしこのレイアウトは、決して使い勝手がいいとはいえません。テーブルによってキッチンと食器棚や家電が分断され、調理中に歩き回る距離が長くなるからです。また、テーブルの上が食材や食器の置き場所になるので、散らかるという悩みも生まれました。

ダイニングテーブルは、食事以外にも勉強したり、新聞を読んだりなど様々なことに使う場所です。キッチンと一体化した場所にあると落ち着けません。

リフォームによってダイニングとキッチンを分離することで、毎日の暮らしは格段に快適になります。キッチンにテーブルがなくなっても、背面に食器棚兼家電置きのカウンターを設ければ、不便はありません。

DK → LDK に変更した例

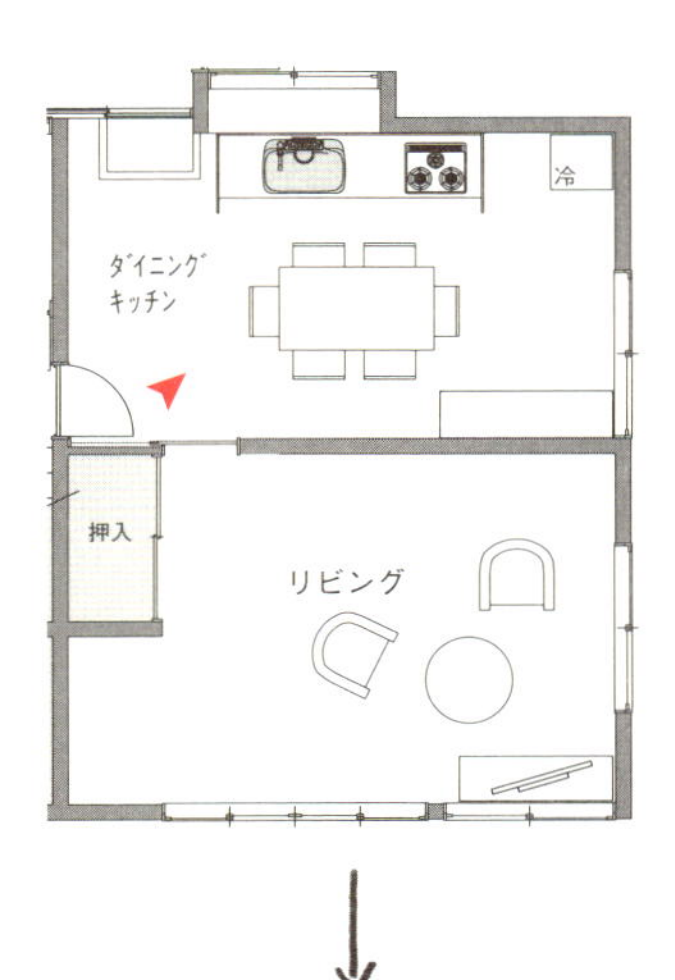

BEFORE

ダイニングテーブルが常に調理道具や食材置き場になっている状態。料理するときも障害物が多く、不便だった。

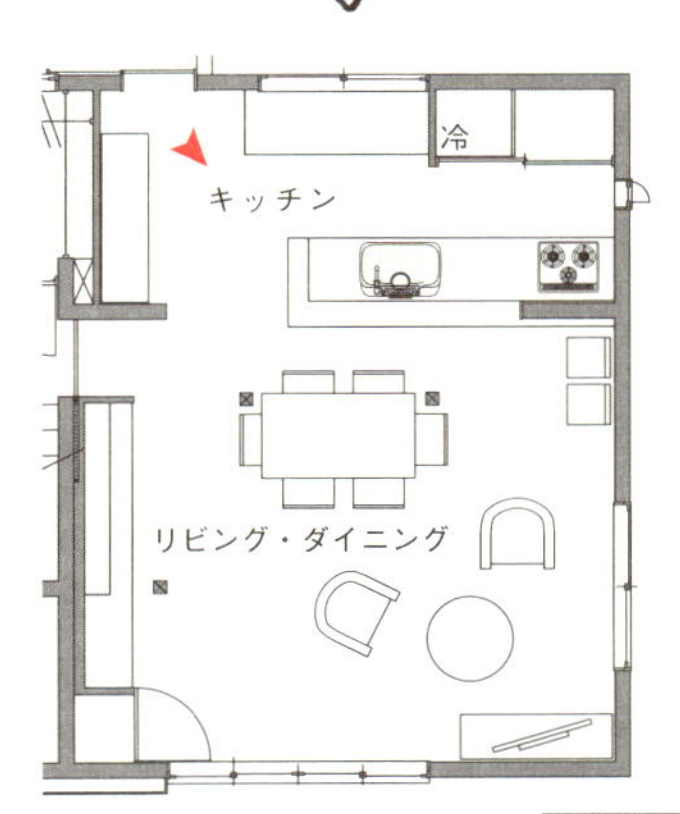

AFTER

リフォームによってキッチンを独立させたことで、調理がしやすく、ダイニングテーブルが散らからなくなった。

調理する手元はダイニング側からは見えない。コンパクトなキッチンで、調理中の動線も短くなり、ストレスがなくなった。

ダイニング

家族が手伝いやすい収納を考える

外に働きに出る主婦が増えています。主婦の家事の負担を軽くするためには、家族の協力が欠かせません。家族が手伝いやすい家にするためのポイントは、「わかりやすい収納」を心がけること。そしてもうひとつ、動線が交わらないようにすることが重要です。

例えば、いつも使う取り皿やコップ、カトラリーなどがすべてダイニングに収納してあったら、キッチンで食事の支度をしている間に、家族にテーブルセッティングを手伝ってもらいやすくなります。そのためには、ダイニングにたっぷりの収納があると便利。リフォームの際はいつも、ダイニングに大容量の造りつけ収納を設けることを提案しています。

すべての物に指定席を決めて、見やすく、しまいやすいところに収納することも大切です。「あれはどこにある?」といちいち聞かれなくなりますし、家族が元の場所に戻しやすくなります。

取り皿やカトラリーは ダイニングに収納

食事に使う取り皿やカトラリー、湯飲みやグラス類は、ダイニングテーブルのそばに収納してあるほうが、動線が短く便利。

キッチンなど

住む人のこだわりに合ったスペースを設ける

漬物づくりが好きな奥様のために、キッチン外の勝手口に大きな漬物鉢を置ける場所と、小さい洗い場を設けた。

自宅でパン教室を開いているため、パン用のオーブンや、道具を収納できるスペースを設けた。

一口に「使い勝手のいいキッチン」といっても、それぞれの家庭でこだわりたい点は少しずつ異なります。保存食づくりが好きな人には、大きめのパントリーが必要になりますし、パンづくりが趣味の人には、必要な道具やオーブンを収める場所が必要です。フードプロセッサーや圧力鍋といった、たくさんの調理道具を収納したいと思っている人もいるでしょうし、家庭菜園をしている人は、たくさんの野菜を置いておける場所が欲しいと思うでしょう。

せっかくリフォームをするのであれば、一般的なレイアウトに暮らしを合わせるのではなく、自分たちの暮らしに合ったキッチンをつくりたいものです。

そのためには、自分のこだわりを理解してもらうために、最初の打ち合わせが非常に大切になります。できれば最初に現在のキッチンを見てもらうことをおすすめします。

洗濯ストレスを軽くする「一時かけ」の設置

洗濯が終わったものは、ここでハンガーに吊るしてから外に持っていける。

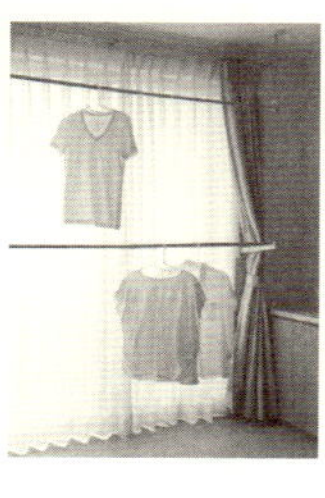

天井と壁を利用して、洗濯用のポールを2本設置できる。雨の日にも洗濯物を干すことができるので便利。

リフォームするときにいつもおすすめするのが、「洗濯物の一時干し場」の設置です。

洗濯機のそばに、ちょっとハンガーをかけられる場所があるだけで、大変助かるものです。一枚一枚シワを伸ばしながら干すという作業が、外でなく室内でできると、寒い日や暑い日はずいぶんラクになります。

雨の日はここで干すこともできますし、取り込んだ洗濯物が完全に乾いていないようなときも、吊るしておけます。さらにこの「一時干し場」が、よく日の当たる場所にあると、洗濯物を室内で乾かすことができるので、共働きで帰りが遅い人や、花粉症の人にも便利です。

常設のハンガーパイプを取りつけるやり方もありますが、天井に着脱できるポールに、物干しざおを渡すことができるタイプや、壁から出せるブラケットタイプもあります。使いたいときだけ設置できるので、日当たりのいいリビングなどを有効に使うことができます。

洗濯

干さずに乾かすという選択もある

小さい子どもが二人いる家庭では、毎日のように汚れた運動着を洗うため、ガス乾燥機が大活躍。

スペースや予算との兼ね合いもありますが、最近では衣類乾燥機の設置を提案することも多くなりました。干す手間が省けるので家事がラクに、時短になりますし、雨の日でも夜でも洗濯ができるので、子どもがいる方や共働きの方には、とくに便利だと思います。

乾燥機を選ぶなら、電気よりもガス乾燥機のほうがおすすめです。ガス代は安いし、乾くまでの時間も短く、タオルなどはふんわりとした仕上がりになります。花粉が気になる人にも安心です。

設置する場所は、洗濯機の上などが一般的ですが、壁に排湿筒を通す必要があります。工事が面倒なので設置をためらう人も多いと思いますが、リフォームの機会に検討してみてはいかがでしょうか。忙しい人の強い味方になる衣類乾燥機は、食器洗い機と同じように、今後普及していくと思われます。

洗濯機

干す場所の近くに洗濯機があるとラク

キッチンの外に干し場があるので、洗濯機をキッチンの中に配置。使わないときは、スライド扉ですっぽり隠すことができる。

「洗濯機は洗面室に置くもの」と決めている人もいるかもしれませんが、必ずしもそれが一番便利とは限りません。もし洗濯機から干し場までの距離が長い場合は、リフォームで間取りを見直すときに、洗濯機を干し場の近くに移動させることがあります。

干し場がキッチンの近くにあるなら、キッチンの一角に洗濯機を置くのもひとつの方法です。廊下に置く場合は、引き戸やスクリーンなどを使って目隠しできるようにします。

洗濯機を移動させるもうひとつの理由は、洗面室を広く使うためです。マンションなどでよく見られるのが、洗面室が狭くて、収納がほとんどないという間取り。このような場合は、洗濯機を外に追い出すことで、洗面室を広く使うことができて、収納量をグンと増やせます。

洗濯機の設置場所は、洗面室（洋服を脱ぐ場所）から干し場までの動線上にすれば、問題はありません。

洗濯機を干す場所の近くに移動した例

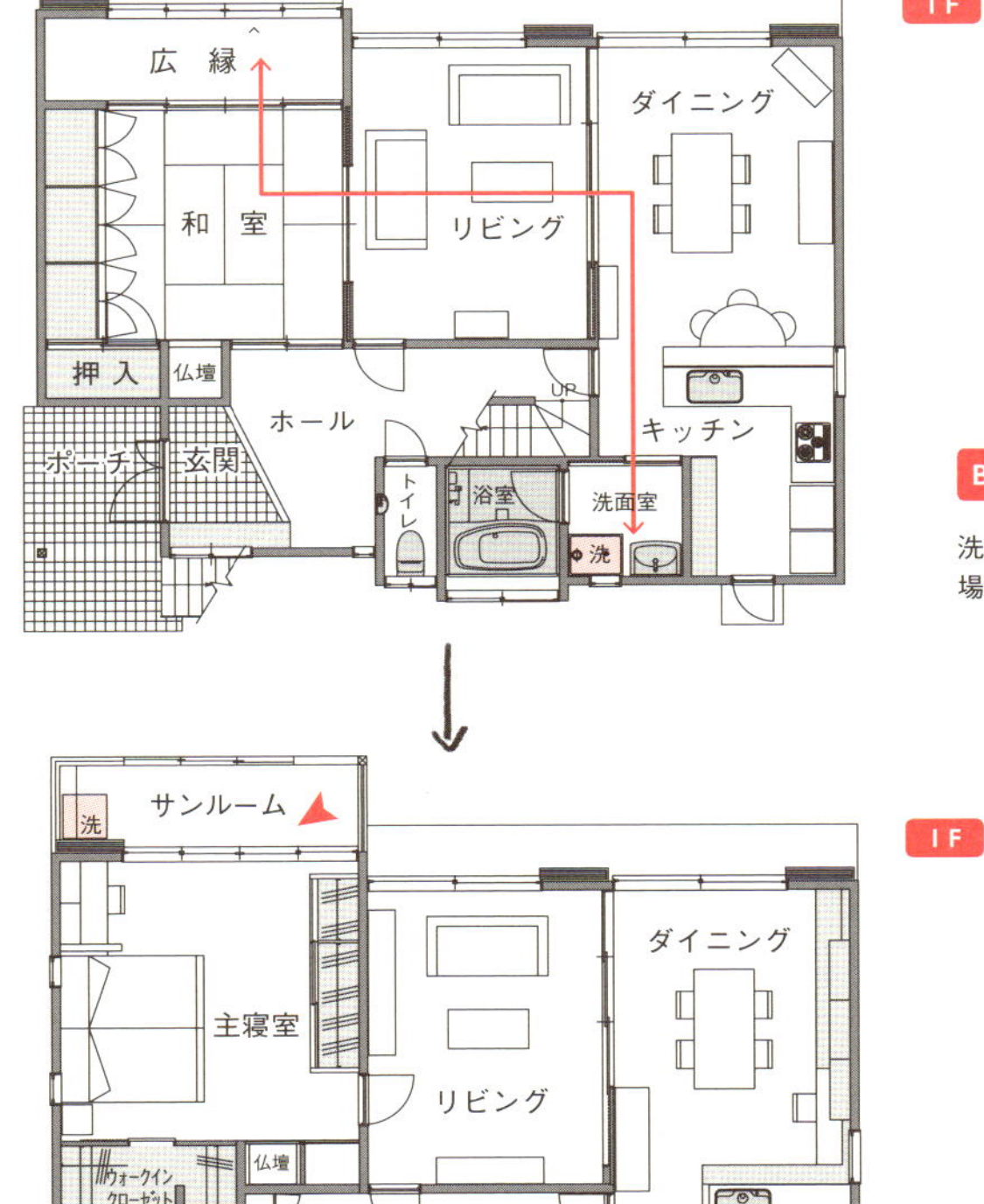

BEFORE

洗面室にある洗濯機から、干し場までの距離が遠かった。

AFTER

洗濯機をサンルームに設置。ここはクローゼットも近いので、衣類を片づけやすい。

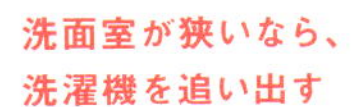

洗面室が狭いなら、洗濯機を追い出す

洗面室を広く使うために、洗濯機を洗面室から移動。干し場になるサンルームに設置した。ブラインドゾーンになっているため、居室からは見えない。

家事スペース

洗濯物の〝山〟ができていませんか？

干し場の近くにクローゼットがあると快適

干し場の近くにクローゼットがあるので、取り込んだ洗濯物をその場でたたみ、すぐクローゼットにしまうことができる。吊るして収納するものは、ハンガーごと移動させるだけ。

取り込んだ洗濯物が、いつもリビングに山になっているという光景はありませんか？　また、誰かの家を訪ねた時に、「この部屋は開けないで！　洗濯物の山があるから」と言われたことは？　洗濯物の干し場や乾燥機のある場所からクローゼットが遠いと、こうなりがちです。

もし、干し場や乾燥機の近くに、洗濯物をたためるような場所があれば、取り込んだその場でたたんでしまうことができます。その近くにアイロンも収納しておけば、しまう前にサッとかけることができて快適です。

アイロンがけを、リビングでやりたいという人もいるでしょう。その場合は、リビングの近くにアイロンとアイロン台を一緒に収納できる場所があると便利です。遠くにしまってあると、わざわざ持ってくるのが面倒で、「アイロンがけ待ちの洋服の山」ができる原因になります。

家事スペースを設けた例

使うときだけ出現するアイロン台

ダイニングのカウンター収納の中にアイロン台が収まっており、使いたいときだけ引き出せる。すぐ下には、アイロンを収納するスペースも。

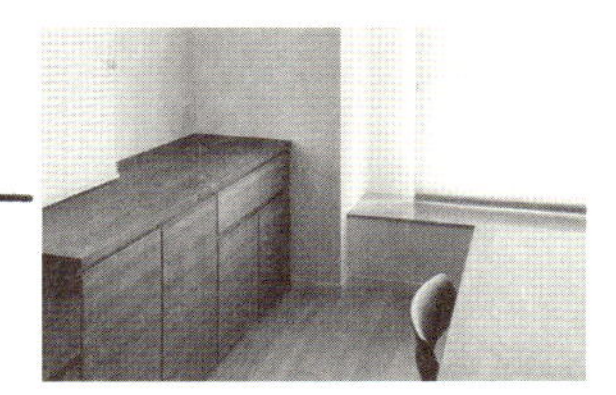

使わないときは、折りたたんで引き出しの中に収納できる。

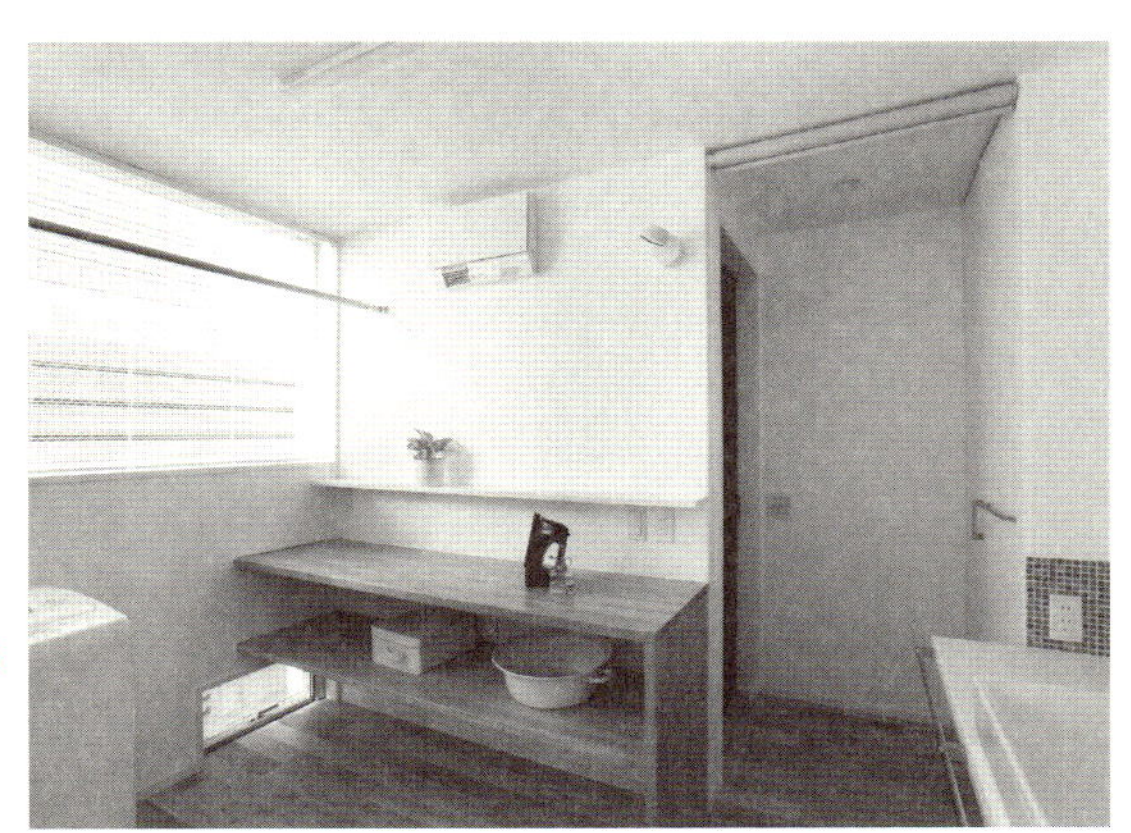

洗面室の中に家事スペースをつくる

広い洗面室の一角を、家事スペースに。ここで洗濯物を干したり、アイロンがけができる。

間取りの自由度は水回りで決まる

マンションの構造によって水回りが移動できないことも

リフォームで間取りや動線を改善しようとするとき、カギになるのが「キッチンや浴室など、水回りの移動ができるかどうか」という問題です。とくにマンションは一戸建てのように自由度が高くないので、配管やダクトの経路によって、移動できない場合も。リフォームの際には、まずそれを確認することが大切です。

水回りが移動できると劇的にプランが変えられる

もし浴室や洗面室の水回りの移動が可能なら、間取りの自由度が広がり、劇的に動線を改善することができます。水回りを寝室の近くに移動して、住まいやすくすることもできます。

移動できるかどうかを自分で確認するのは難しいと思われがちですが、左のような方法で、ある程度の見当をつけることはできます。また、ある業者では「移動は無理」と言われても、別の業者に頼むと可能になるケースも。すぐにあきらめないで、一度調べてみることをおすすめします。

移動できるかどうかのポイント

浴室

床下の構造は、大きく分けて3タイプ

マンションの管理組合から「断面図」か「矩計図（かなばかりず）」という図面をもらって、家の床下が、下のA〜C（左下図参照）のうちどのパターンに当てはまるのかを見てみましょう。

Aタイプは古いマンションによく見られる構造で、床とその下のコンクリートの間にすき間がない「直床工法」と呼ばれます。このタイプだと、移動は難しくなります。

Cタイプは「二重床工法」と呼ばれ、新しいマンションに多い構造。間取りをある程度自由に動かせるタイプです。

Bタイプは水回りのみがCタイプになっている構造で、「段差スラブ」と呼ばれ、この範囲での移動が可能です。

◎ Aタイプ

コンクリート床（スラブ）上に直張りで仕上げ材を施工してあるので、間取りの自由度が低い。

◎ Bタイプ

水回り部分のみCタイプで、ほかはAタイプになっている構造。

◎ Cタイプ

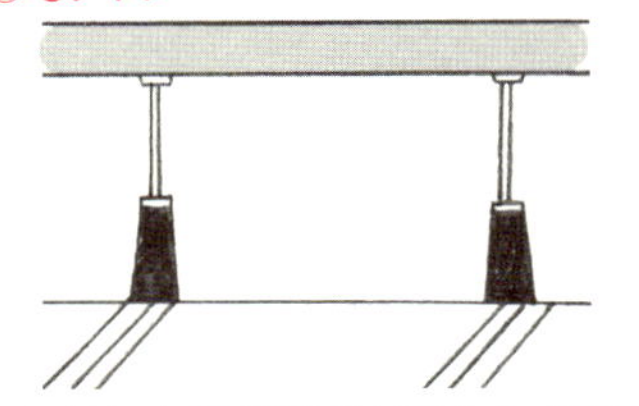

コンクリート床に直接床材を貼らず、遮音できる足のついた板材を置いて床を二重にしたもの。

トイレ

配管方式によって異なる

配管方式によって制限があります。Aタイプでは、配管が壁につながっている「横引き」になっており、移動が困難な場合も。Bタイプでは「床排水」になっているので、ある程度の移動が可能ですが、トイレは排水管の口径が一回り大きいのと勾配が必要なので、通常は大きく動かすことが難しいものです。

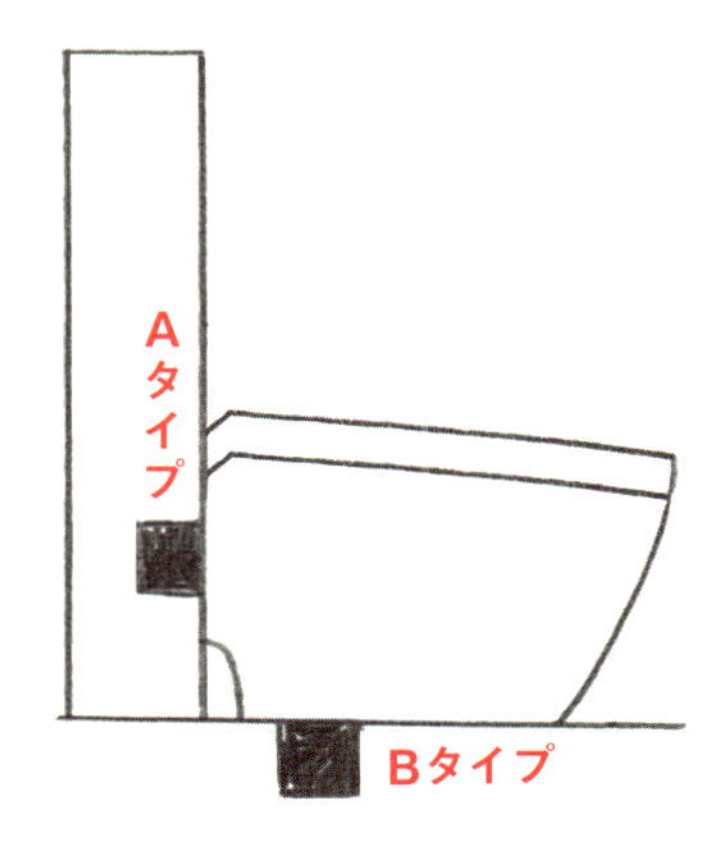

キッチン

排気口と梁の関係がポイント

排水口が比較的上のほうの位置（シンクの下部）にあるので、排水管を壁際に這わせるなどの方法で、位置を移動することも可能です。ただし梁の位置によって、排気ダクトの経路を検討しなければなりません。

第3章

住む人に合った
間取りで
暮らしを豊かに

家族の変化に合わせて間取りを変える

「以前は外出するのが好きだったけれど、今は家にいる時間が楽しいんです」。リフォームした人から、こんな嬉しい声を聞くことがよくあります。せっかくリフォームをするのなら、ただ便利さや快適さを追求するだけではなく、自分が家にいる時間をより充実できるようなプランを考えたいものです。

子どもが成長して、自分の時間が増えたので、趣味や勉強のスペースが欲しいという人もいるでしょう。ペットと一緒に暮らすようになって、世話をするためのスペースが必要になる人も。仕事をリタイアするから、自分の書斎が欲しいという人もいます。ライフスタイルが変わったときが、リフォームのタイミングです。リフォームには、人生をより豊かにする力があるのです。

書斎

リタイアした夫には書斎が必要

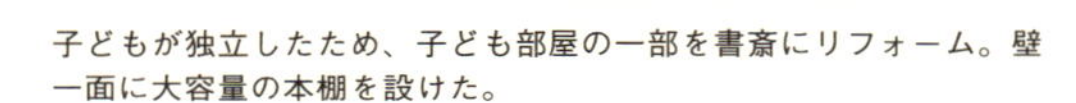

子どもが独立したため、子ども部屋の一部を書斎にリフォーム。壁一面に大容量の本棚を設けた。

「自分だけの書斎が欲しい」と思っている男性は多いようです。パソコンを使ったり本を読んだり、書きものをするための個室が欲しいというのです。仕事をリタイアすると家にいる時間が長くなるので、とくにそういう要望が多くなります。資格試験に挑戦したいので、勉強するスペースが必要という人もいます。

よくあるのが、子どもたちが成長して家を出ていくのをきっかけに、子ども部屋を夫の書斎に変更するというプランです。そのほかに、あまり使っていない客間や和室を活用したり、ウォークイン・クローゼットを小さい書斎に変更するという方法もあります。書斎には、デスクのほかに本棚も必要です。本が多い場合は、天井から床までの壁一面に、本の奥行きサイズに合わせた薄い収納棚を設けることで解決できます。

居室が丸々一つ確保できない場合でも、寝室の一角に机や本棚を置くことで、書斎はつくれます。

夫の書斎をつくった例

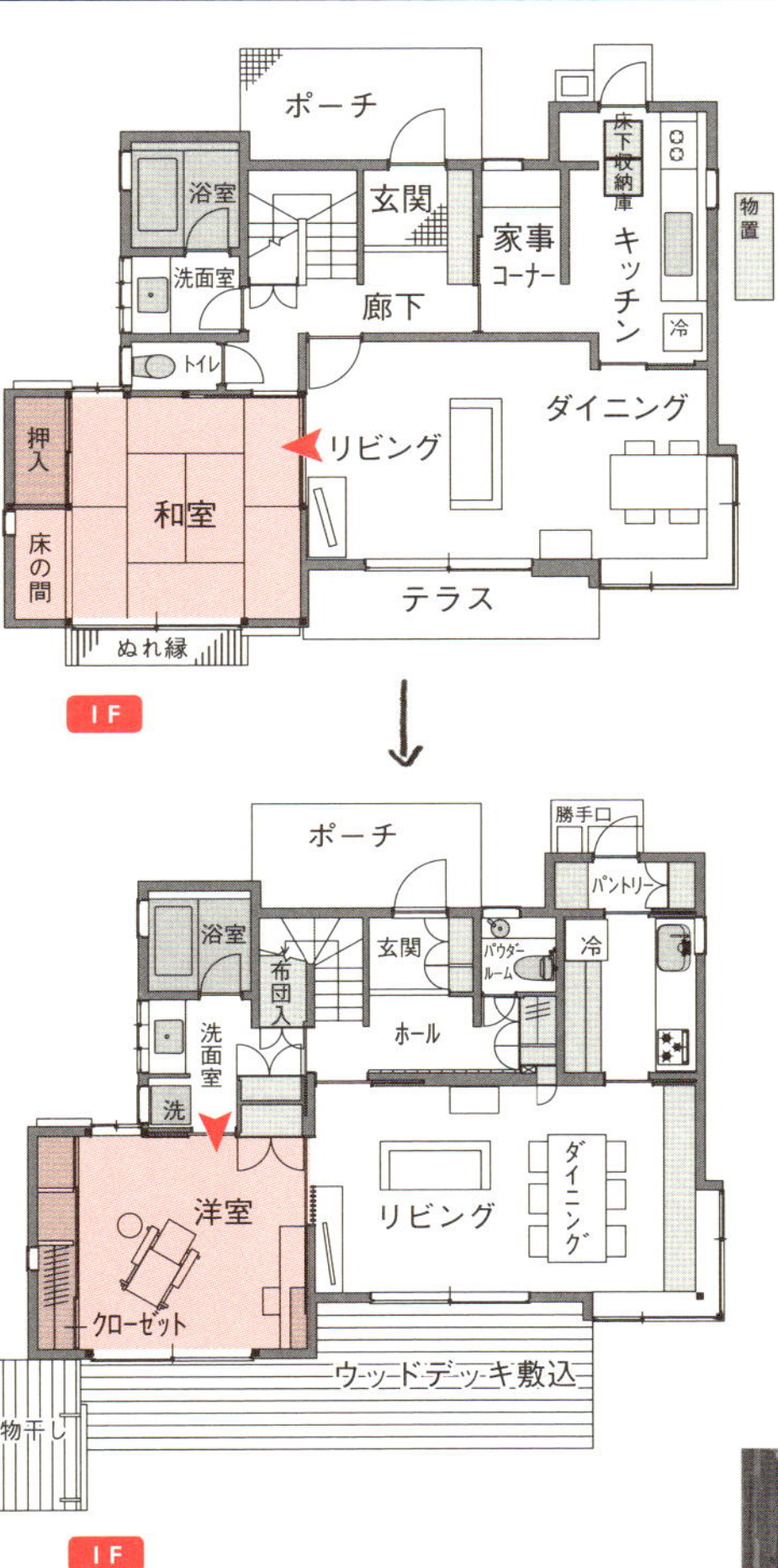

BEFORE

和室に低いテーブルを置いて、パソコン作業をするのに使ったり、客間として使っていた。

AFTER

夫の書斎にリフォーム。床の間と押入れを、大容量のクローゼットに変更した。

夫のリタイアをきっかけに、和室を夫の書斎にリフォーム。好きな本を読んだりして、ゆっくりと過ごせるスペースにした。手前の壁には、テレビも設置している。将来は寝室にする予定。

妻のスペース

妻の作業スペースはキッチンのそばが便利

キッチンの入り口に小さいコーナーを設ける

キッチンの入り口に設けた、妻の作業スペース。ここで家計簿をつけたり、パソコンでレシピの検索もできる。

キッチンの奥に設けた妻の作業スペース

キッチンに隣接したカウンタースペースは、妻がパソコンを使ったり書きものができる場所。吊戸棚と背面の棚に、本や書類がたっぷり収納できる。

自分のための専用スペースを持っている妻は少ないものです。「自分の居場所はダイニングテーブル」という人も、多いのではないでしょうか。

家の中には、夫婦それぞれの居場所があるのが理想です。妻にも、趣味を楽しんだり、勉強をしたり、パソコンを使うための専用スペースがあると、暮らしはグンと快適になります。趣味や勉強を途中で切り上げて家事に移るのもスムーズですし、ダイニングテーブルが散らかることも少なくなります。

妻のためのスペースは、夫の書斎のように個室にするのではなく、キッチンやダイニングのそばに設けるのが、使い勝手がいいと思います。家事の合間にサッと座れるので、生活動線が短くなります。デスク以外に、ちょっとした本棚や収納スペースもあると、さらに使いやすくなります。

ダイニング

パソコンを使う人が孤立しないスペースを

休日には、パソコンをゆっくり使いたいという人も多いでしょう。パソコンが個室に置いてある家庭だと、「夫が長時間引きこもってしまって出てこない」という話もよく聞きます。

家族みんなが使うパソコンは、ダイニングルームの近くにあるのが望ましいと思います。わざわざパソコン用のデスクを設置しなくても、カウンターの一部を利用して、椅子を入れられるようにするだけで、パソコンスペースはつくれます。椅子は、ダイニングテーブル用と兼用にすることもできます。

パソコンがダイニングルームにあれば、みんなで出かける計画を立てるときにも便利です。

パソコンスペースの近くには、必ずプリンター置き場を設けます。プリンターは時々しか使わないという人が多いので、使いたいときに引き出せる、キャスターつきのワゴン収納や、スライド式の収納がおすすめです。

キッチンの一部にスペースを設ける

キッチンの背面スペースの一部分を、パソコン用のデスクに。左のワゴンには、プリンターなどが収納できる。

ダイニング収納を利用したスペース

ダイニングのカウンター収納の下を一部オープンにして、椅子を入れて使えるパソコン用スペースに。

キッチン

調理台の向きを変えて明るいキッチンに

昼間でも、電気をつけないと暗くて料理ができないというキッチンは多いと思います。古い住宅だととくに、壁に向かって料理するようなつくりの調理台が珍しくありません。こんなキッチンは、料理をする人を孤独な気分にしてしまうこともあります。

リフォームによって調理台の向きを変えるだけで、明るく気持ちのいいキッチンにすることができます。よくおすすめしているのは、料理する人がダイニングルームに向かって立つ「対面型」のキッチンです。立ち上がりをつければ、調理台をダイニング側から見せなくすることもできますし、ダイニングとの間に間仕切りがないので、空間が広く感じられます。何より、料理や後片づけをしながら家族の様子が見えたり、会話ができます。ダイニング越しにベランダの緑が目に入ったりすると、気分よくいられます。家族も、キッチンに立つ人の様子が見えれば、手伝いやすくなるはずです。

調理台の向きを変えた例

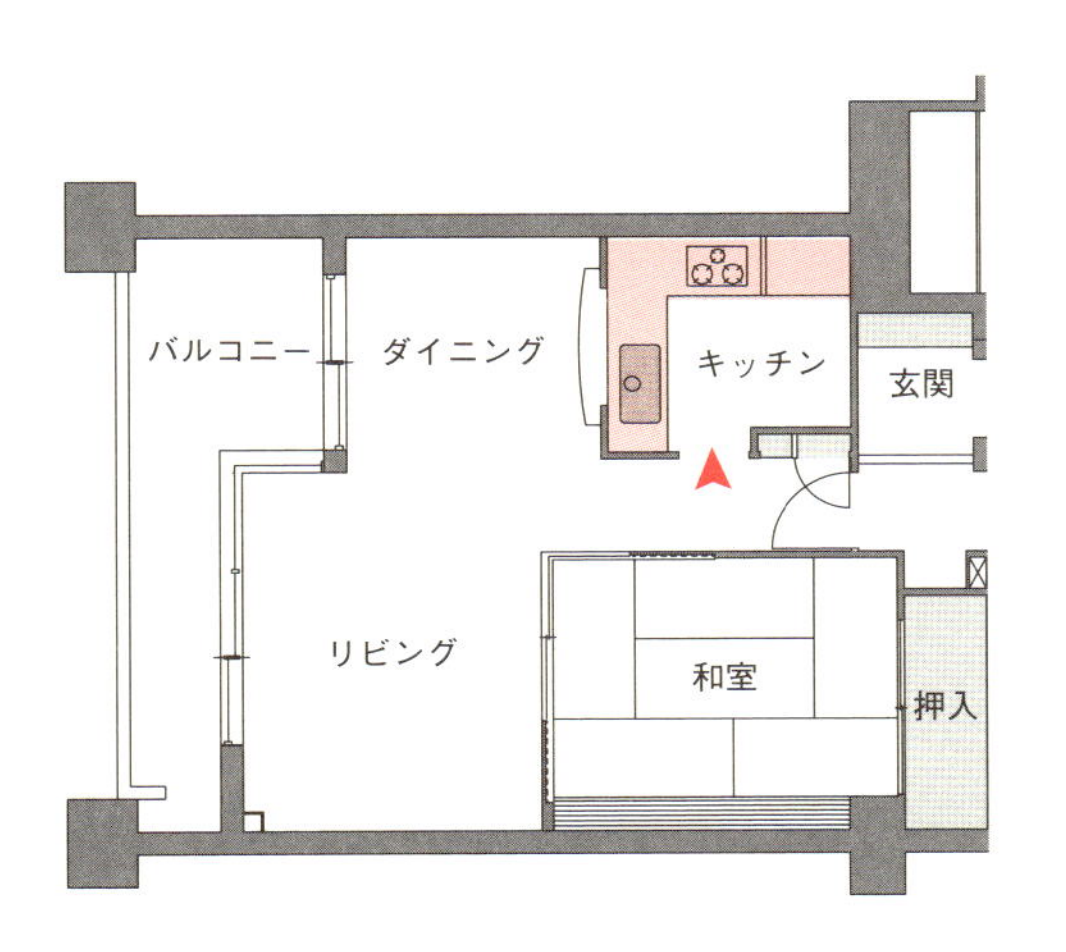

BEFORE

昼間も電気が必要な、セミオープン型のキッチン。壁に向かって調理する時間が長かった。

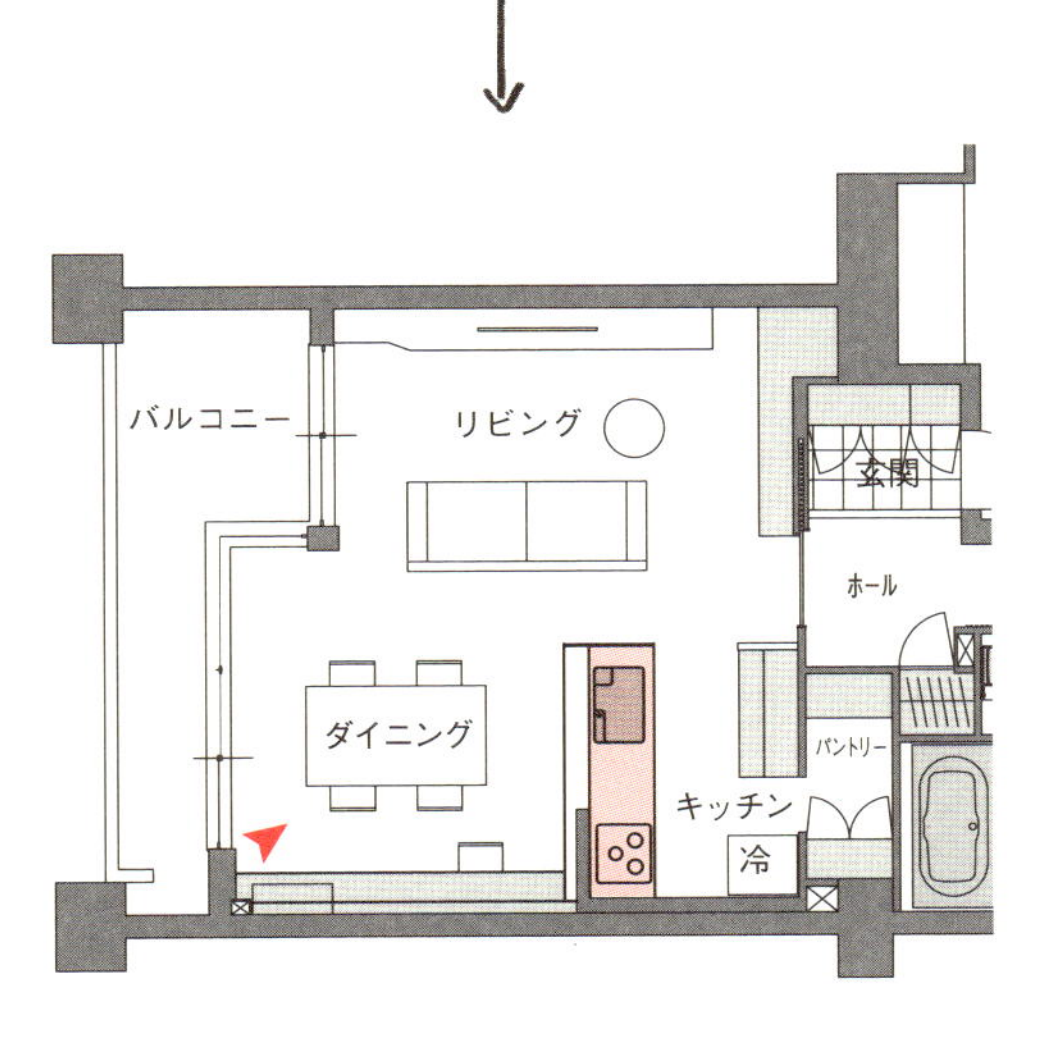

AFTER

開放的なオープンスタイルのキッチンに。調理台の向きが変わり、家族の顔を見ながら料理ができるようになった。

キッチン

料理が趣味なら家の中心に置くというプランも

LDKの真ん中にアイランドキッチンを

料理好きで、パンを焼くのが趣味の奥様のために、18畳の広々としたLDKの真ん中に、アイランドキッチンを据えた。

暮らしで大切にしたいことは、ひとりひとり違います。その暮らしをかなえるための間取りが、みんな同じというのはおかしいと思います。リフォームをするときに一番大切なのは、予算や条件よりも、「どんな暮らしをしたいか」をはっきりさせること。いくつかの間取りの例の中から選ぶのではなく、自分の理想の暮らしに合った間取りを考えてみましょう。とくに老後を楽しむためのリフォームは、自分の理想のライフスタイルをかなえるためのプランであるべきだと思います。

例えば、料理するのが大好きで、キッチンに立っている時間が長い人なら、上の例のように、キッチンを家の真ん中に置くというプランもおすすめです。

読書が大好きという人は、リビングの壁いっぱいに大きな本棚を設けるのもいいでしょう。明るくて眺めのいい場所に、書道や絵画といった趣味を楽しむための部屋を確保するのも、素敵な考えです。

キッチン

料理をするのは妻だけですか？

段差をつくって夫婦が調理しやすいキッチンに
妻の身長に合わせて、ガス台を10㎝低く設計。夫がシンクで材料を切って妻が調理する、という夫婦分担がしやすい。

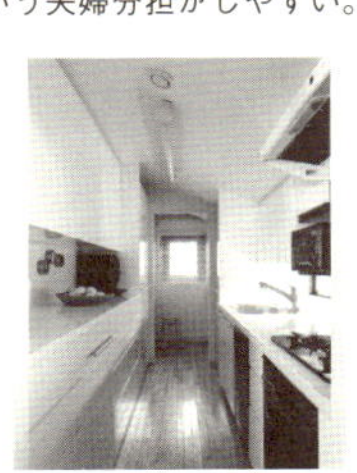

キッチンと背面カウンターの高さを変える
キッチンと、背面のカウンターの高さに10㎝の段差がある。妻がキッチンで調理している時に、夫に背面カウンターで手伝ってもらいやすい。

キッチンの高さが調理する人の身長に合っていないと、体によけいな負担がかかって作業がしにくくなります。キッチンをリフォームするなら、調理台の高さも見直してみることをおすすめします。

しかし現代は、妻ひとりがキッチンに立つ時代ではありません。共働きの場合は、夫がキッチンに立つ機会も多いでしょうし、リタイアした夫が料理を始めるという家庭もあります。子どもが成長して料理するようになったり、子どもの結婚相手に手伝ってもらうこともあるでしょう。上の例のように、キッチンの高さに段差をつけて、家族が一緒に立って料理しやすいようにするのもおすすめのプランです。

「料理する人が孤独にならないようなキッチン」を考えてみてください。

キッチン

背面収納をつくれないときの解決法

60代女性ひとり暮らしのキッチン。スペース的に背面収納をつくれなかったので、キッチンと吊戸棚の収納スペースを充実させた。

キッチンのスタイルは、料理する人がダイニングルームに向かって立つ「対面型」で、背面スペースにたっぷりの収納があると便利です。しかし、スペース的にその形にできない場合もあります。どうしても、ダイニングやリビングにある程度広いスペースを確保したいときなどです。

その場合は、壁側にキッチンを設けて、上部にも吊戸棚を設け、収納スペースを充実させるというやり方があります。

吊戸棚は、「取り出しづらい」「物が見えにくい」という欠点があるので、使いやすくするために工夫が必要です。吊戸棚の位置は使い勝手が悪くならない程度まで下げて、手が届く範囲を増やします。物をケースやかごなどにまとめて取り出しやすくしたり、ラベルをつけるのも良い方法です。半透明のケースは、見た目のゴチャゴチャ感がなく、中身がある程度見えるのでおすすめです。

オープンキッチンに変更した例

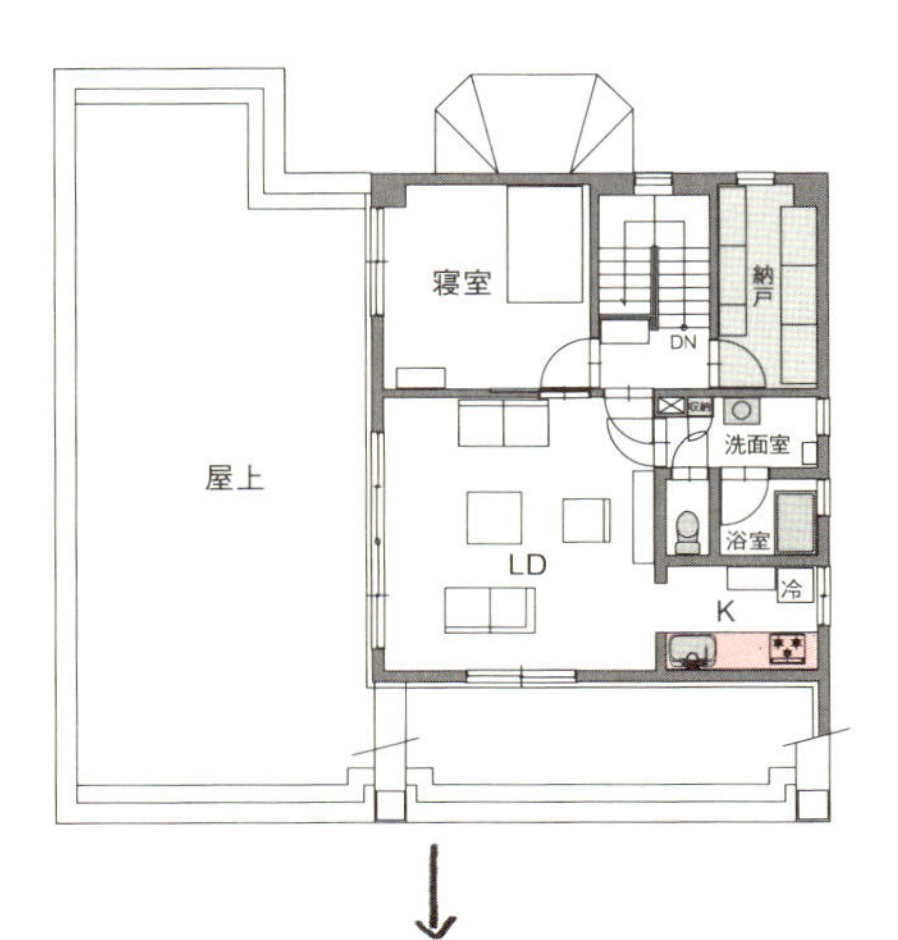

BEFORE

キッチンはクローズドで、光の入らない北側のエリアにあり、収納スペースも足りなかった。

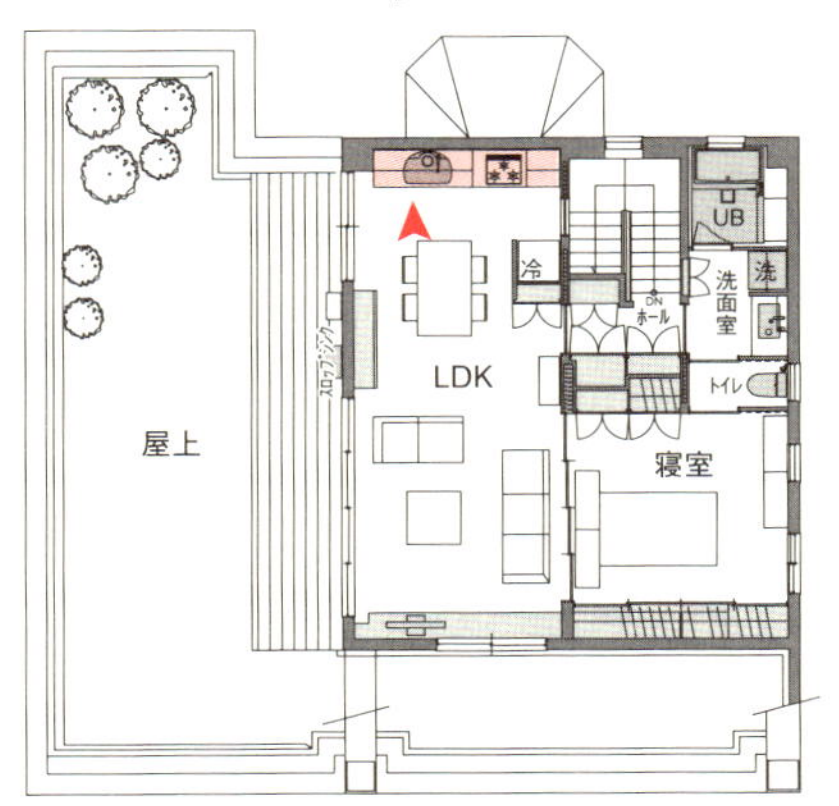

AFTER

南側の明るいエリアにキッチンを移動した。以前はリビングと一体になっていたダイニングを独立させることを優先し、対面式ではなくダイニング・キッチンのスタイルに。

シンク下の収納は、引き出しの中にもうひとつ引き出しが入っていて、一度のアクションで2つともを引き出すことができる。よく使う物は手前に収納すれば、少し引き出すだけで用がたりる。

高い場所の収納は、半透明の容器などで外からも中身が見えるようにして、ケースごと引き出して使えるようにすると使いやすい。

寝室

ストレスにならない夫婦の距離を考える

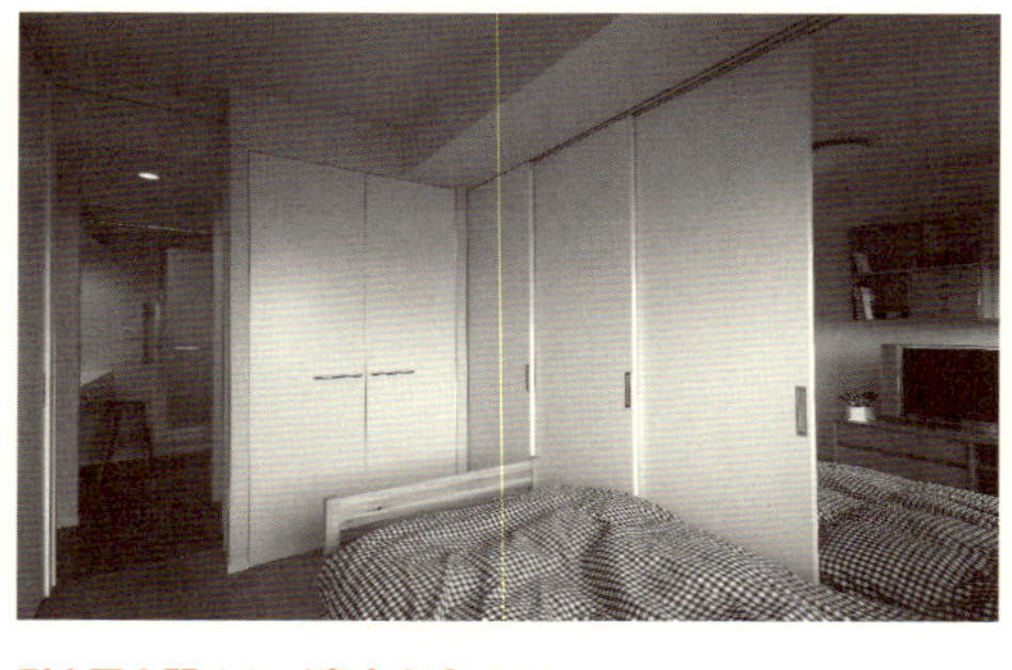

引き戸を閉めれば寝室を分けられる

引き戸を使って、寝室を真ん中で仕切ることができる。夫婦で就寝時間や起床時間が大きく違う場合などにも便利。

寝室を別にする夫婦は、珍しくありません。相手のいびきが気になったり、就寝や起床の時間が違うなどの理由から、別の部屋で休む夫婦も多いようです。

しかし高齢になったり、どちらかが健康に問題を抱えている場合は、寝室が離れていると不安です。同じ場所で寝ているほうが異変に気づきやすく、介護もしやすいでしょう。

そこで私は、夫婦の寝室を「ゆるく仕切る」プランを提案しています。2つのベッドの間にスペースがあって、引き戸を閉めると空間を分けることができるようなプランです。自分の動きで相手を起こしたくないときは引き戸を閉めて使ったり、どちらかが体調を崩したときは開けて使うなど、柔軟な使い方ができます。

また、ベッドを1つにする場合は、ダブルサイズのベッドであっても、マットレスは別々にするほうが、相手に振動が伝わりにくいので、安眠できます。

寝室をゆるく仕切った例

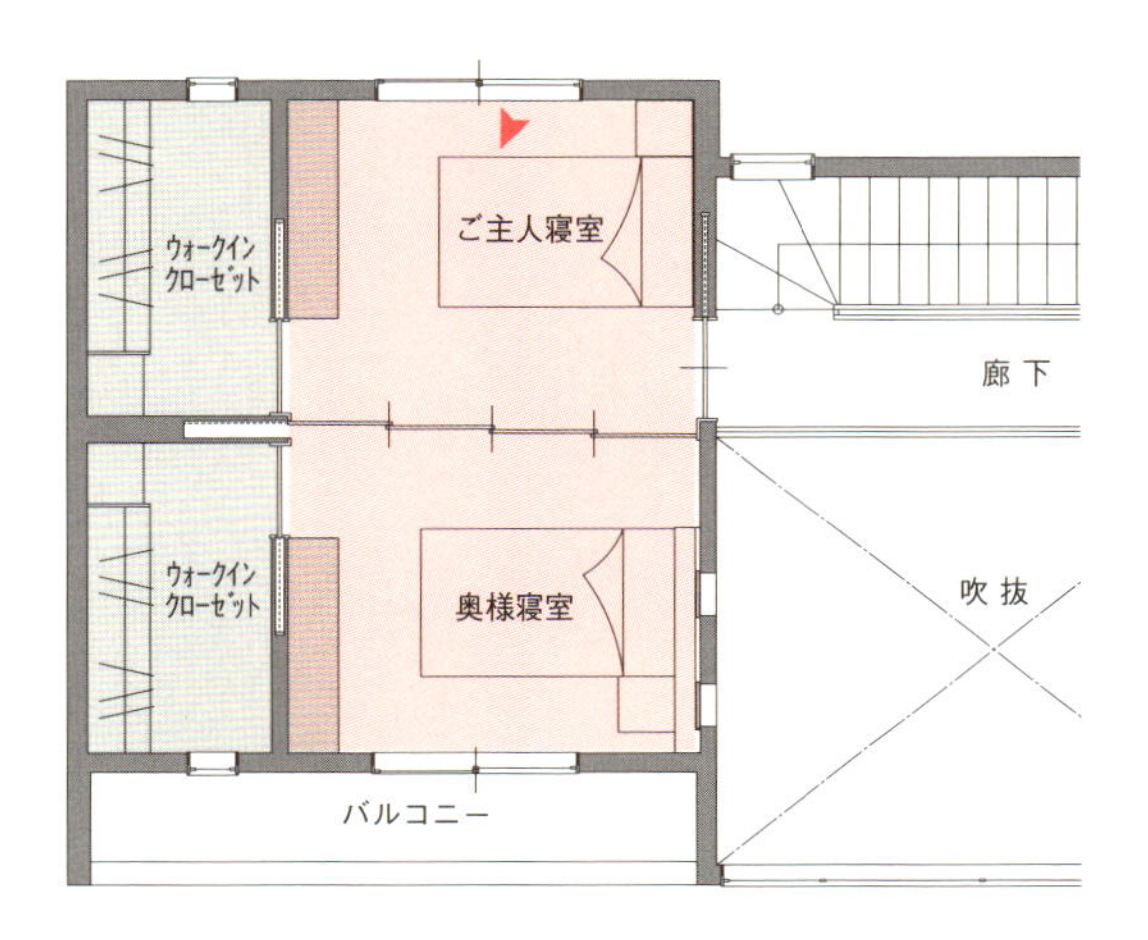

それぞれにクローゼットが設けられた２つの寝室。引き戸を開けると、ひとつの居室として使える。

シングルベッドを２つ並べて使う

シングルベッドを２つつなげることで、ダブルベッドのように使用できるが、マットレスが別々なので相手に振動が伝わりにくく、快適。ベッドを離して置くより、部屋を広く使えるというメリットもある。

ダイニング

ダイニングに勉強スペースをつくる

ダイニングのカウンター収納の半分をデスクにして、子どものスタディスペースに。

子どもの過ごす場所は、成長に応じて変わっていきます。乳児のころはリビングで過ごすことが多いので、リビングの一角に畳のスペースがあると便利です。幼少のころは、キッチンにいる母親から目が届く場所で過ごすことが多いでしょう。

小学校の間は、宿題や勉強をダイニングテーブルでする家庭も多いようです。写真のように、ダイニングのカウンター収納の一角を利用して、「スタディスペース」を設けるのもおすすめの方法です。

ダイニングには、子どもの勉強道具やランドセル、保育園バッグなどを置いておけるスペースもあると便利です。さらに余裕があるなら、保育園や幼稚園に通う子どもの衣服はダイニングかリビングにあると、朝の身支度がすべてここでできるので、ラクになります。

しかし成長の過程で、いずれは子ども部屋が必要になることを念頭に置いておくべきです。

ダイニングのカウンター収納の一角に設けたスタディスペース。キッチンに立っているときも、勉強している子どもの様子を見ることができる。

ランドセルや着替えなどもダイニングに収納しておけると、朝の身支度がここでできるので便利。

勉強道具を収納するスペースも必要。壁の中の収納なら、扉を閉めれば見えなくなる。

子ども部屋

子どもの10年後を考えていますか？

将来2つに仕切れる異性のきょうだいの部屋

3歳の姉と、1歳の弟の部屋。成長したら、真ん中で仕切って2つの居室として使う予定になっている。

時々、「ダイニングで勉強させるので、子ども部屋はいりません」と言われることがあります。

しかしある程度の年齢になると、やはり子ども部屋が必要になると私は思います。持ち物が増え、それらを自己管理することも学ばなければなりませんし、思春期の子どもにとって、ひとりになれる空間は大切です。

きょうだいがいる場合、小さいころは一緒に遊んだり、本やおもちゃなどを共有することも多いので、一緒の部屋のほうがいいでしょう。しかし男女のきょうだいならいずれは分ける必要がありますし、同性のきょうだいでも、「個室が欲しい」と言い出すケースは多いようです。

それなので私は、「可変する間取り」の子ども部屋をおすすめしています。途中で、間仕切りを追加して2部屋に分けられるような間取りです。左右で分けるプランや、上下で分けるプランがあります。

可変する子ども部屋の例

小学生ごろ

姉と弟がひとつの部屋で、机を並べている。2つの机の仕切りは収納を兼ねている。ベッドははしごで上がるロフトタイプ。

↓

中学生ごろ

姉が中学生になり、居室の真ん中を壁で仕切った。

↓

大学生ごろ

成長とともに物が増えて手狭になったので、下階全体を弟の部屋に。

ロフトを広げて姉の部屋とした。左手に階段をつけている。

ペットのスペース

ペットも人間も快適に過ごせる家に

リビングにキャットウォークを設置

室内でも運動できる環境を整えるために、リビングにキャットウォークを設置。猫が活発に上り下りする可愛い姿が眺められる。

国内のある統計では、3世帯に1世帯はペットを飼っているそうで、最近では「ペット可」のマンションも増えています。人間とペットが一緒に暮らす住まいは、どちらかが我慢を強いられるのではなく、両方ともが快適に、ストレスなく暮らせるのが理想です。

ペットがいる家庭のリフォームで問題になるのは、ペットの寝室、食事するスペース、トイレをどこに設けるかということです。フォーカルポイント（P・140参照）を避け、できるだけ人間の生活動線の邪魔にならない場所で、かつ掃除がしやすい場所につくるべきです。

室内飼いのペットが運動不足になるのを防ぐため、キャットウォークなどを設けるのもおすすめ。足への負担を防ぐために、滑りにくい床の素材を選ぶことも大切です。

部屋と部屋の間のドアに、小さいペット用のドアを設けることで、トイレのためにいちいちドアを開ける手間がなくなり、お互いに快適になります。

快適な設備の例

お散歩グッズを玄関に収納

玄関収納の一部を、犬と散歩に出かけるときに必要なリードやおもちゃを収納するスペースに。

リビングの壁の中にペットの寝室を

階段下の変形のスペースを利用して、壁の中に愛犬のケージを収納した。リビングにはみ出さないので、広々と空間を使える。

ペットが自由に行き来できるドアを設ける

部屋の入口のドアに、愛猫が頭で押して開けることができる、小さいドアを設置。トイレのためにいちいち開けたり、常にドアを開けておく必要もないので、冷暖房を使うときにも快適。

食事スペースの例

ダイニングのラックの一部を食事スペースに

ダイニングにオープンラックを設置し、下段の一部を愛犬の食事スペースに。頭を入れて食べることができるので、あちこちに餌が飛び散ることもない。

キッチンの収納スペース下に食事コーナー

キッチンの端にある、パントリーの下をオープンスペースにして、猫の食事コーナーに。

すぐ上のパントリーに餌の缶詰をストックしておけるので便利。

トイレスペースの例

洗面室の下に設ける

トイレは、来客の目につきにくく、お手入れがしやすい場所に設けたい。洗面台の下をオープンスペースにして、猫用のトイレに。トイレ用のシートや砂も、近くに収納しておけると便利。壁を珪藻土にするのも消臭効果がありおすすめ。

トイレや食事スペースの床は、汚れが染みないホモジニアスタイルなどがおすすめ。

滑りにくい床にすることも大切

滑りやすい床では、犬や猫の足腰に負荷がかかりやすい（写真は、杉の無垢材を使用した滑りにくい床）。

COLUMN

外からの視線を上手に遮って暮らす

「カーテンを開けられない家」は暮らしにくい

一戸建ての抱える問題で多いのが、「外からの視線が気になる」というもの。大きな掃き出し窓があるのに、昼間でもカーテンを閉め切って生活している家は少なくありません。薄暗く、通風もよくないうえに、庭を眺めることもできないので、暮らしづらいものです。窓は、大きいほどいいというわけではないのです。

採光を確保しながら視線を遮る方法を考える

リフォームでこの問題を解決するには、いくつかの方法があります。高めの塀で囲んだり、植栽を利用する方法もありますが、一番手軽なのは、カーテンを上下が開けられるスクリーンタイプに変更するという方法。隠す範囲を自在に調節できるので、光や風を採り入れながら、外からの視線をさりげなく遮ることができます。ガラスを曇りガラスやステンドグラスに替えるのも手です。

大掛かりな工事になりますが、窓の大きさを変えたり、位置を変更する方法もあります。

外からの視線を遮るポイント

カーテンのスタイルで

隠す範囲を調節できる

カーテンではなく、プリーツスクリーンやハニカムスクリーンにすれば、部分的に目隠しすることができます。
上下に違う2種類の生地をつけることができるものもあるので、透け感のあるレースのような生地と、しっかりと視線や光を遮るような生地を選べば、開閉の操作によって、自由に遮光の範囲を変えることができます。

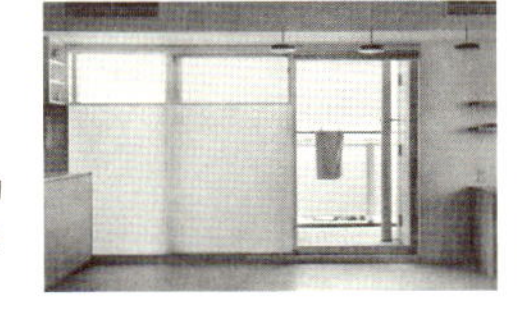

ベランダに干している洗濯物を、スクリーンで隠すこともできるので便利。

窓の位置を変えて

意味のない窓はなくしてしまう

採光や通風の必要がない、あまり意味のない窓は、なくしてしまうというのもひとつの方法です。エントランスに面した窓や、隣の家に面している窓などは、ふさいだほうが暮らしやすくなることがあります。

BEFORE

大きな窓があるため、エントランスから玄関までの間、家の中が丸見えになっていた。

AFTER

窓をなくしたため、玄関に着くまで家の中は見えない。

窓をステンドグラスに

光を採り入れながら視線を遮る

透明なガラスを、曇りガラスに替えたり、ステンドグラスのような模様の入ったガラスに替えることでも、視線を遮る効果があります。

第4章

収納を増やして広い家にする

収納スペースは まだまだ増やせる

建売や中古住宅を購入した方から、「収納スペースを増やしたい」というリフォームの依頼が増えています。収納の問題を、家具を購入して解決するのではなく、リフォームで解決するのは賢い方法だと思います。

置き家具は、部屋の中で目が行ってしまうポイントになるので、選び方がとても難しいものです。置き家具をなくして造りつけの収納にすることで、見た目もスッキリしますし、部屋を広く使うことができます。

心地よい暮らしを実現するためには、収納の問題は非常に重要です。動線に合った場所に充分な収納スペースがないと、毎日片づけに追われることになります。リフォームで、存在感のない収納スペースを設けることで、たくさんの物が収まり、結果として家が広くなります。

リビング

置き家具を造りつけ収納にしてスッキリと

古い住宅には、造りつけの収納スペースがあまり多くありません。あるのは押入れや天袋くらいですが、奥行きが深いので使いづらく、ベッドが中心の現代の生活スタイルには合っていないといえます。

そのため、物が増えるたびに置き家具を買い足している人が多いのですが、どんどん部屋が狭くなり、見た目も悪くなっていきます。

収納を増やしたいなら、家具よりも、リフォームで造りつけの収納を増やすことをおすすめします。押入れをクローゼットに変更することで、大量の洋服が収まりますし、壁一面に奥行きの浅い、天井から床までの収納を設けることで、格段に収納量が増えます。壁と一体化させることができるので圧迫感もなく、インテリア的にもスマートです。

リフォームで収納を増やし、大きな家具を処分することで、部屋を広々と使うことができます。

造りつけ収納を設けた例

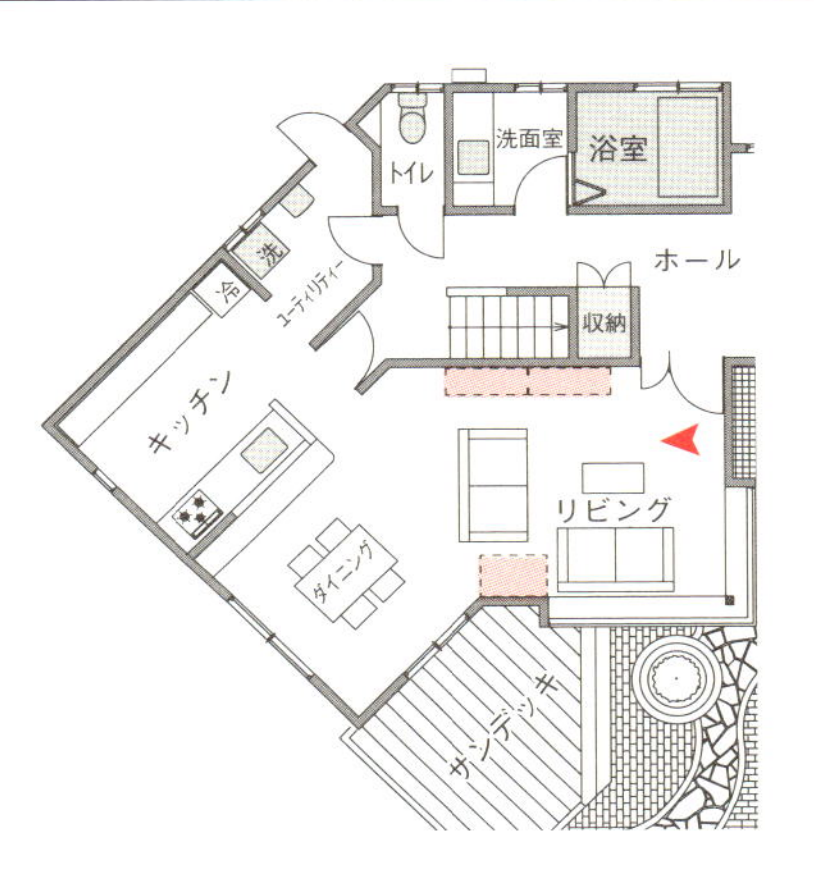

BEFORE

家全体に収納スペースがたりないため、リビングにも収納家具を置き、圧迫感のある部屋になっていた。

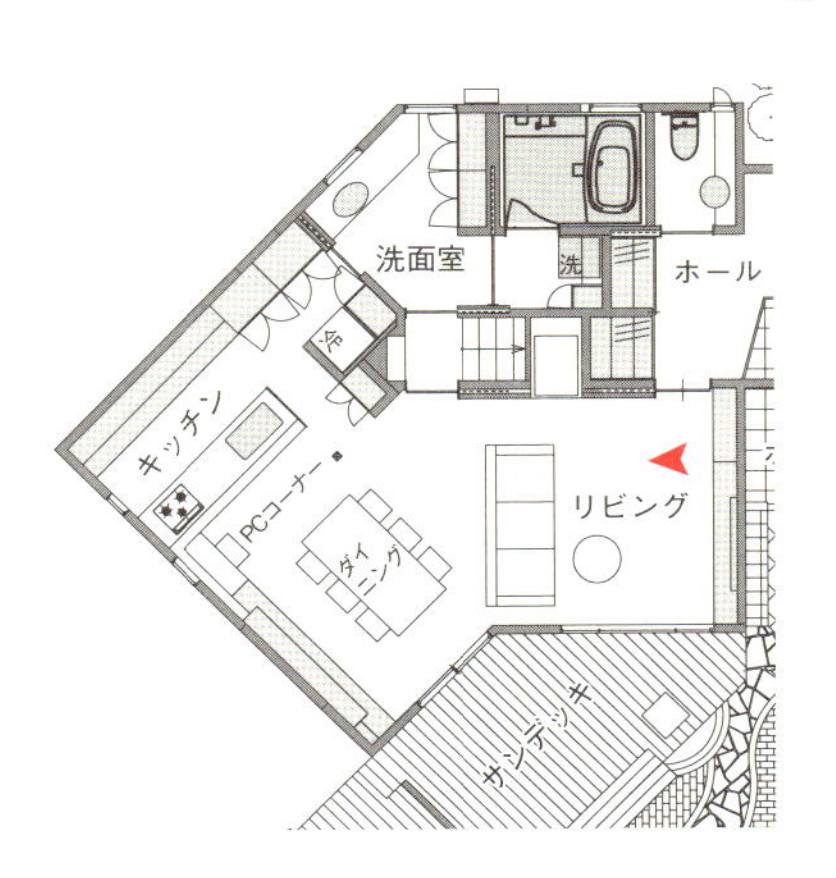

AFTER

キッチン、ダイニング、洗面室などに収納スペースをたっぷり設けたため、物がすべて収まった。ダイニングの家具は処分した。

リビング

広く見せるためには〝低い収納〟がポイント

水平ラインを強調すると広く見える

リビングに設けるテレビ台は、「低く、長く」。壁いっぱいに伸ばすことで、スッキリ見えます。水平ラインを強調することで、部屋を広く見せる効果も。

リビングには、できるだけ家具を置きたくありません。家族が仕事や家事から解放されてくつろぐための場所ですから、できるだけ広々と気持ちのいい空間であってほしいもの。目に入るのはお気に入りのインテリアや庭の緑だけ、というのが理想です。

そもそも、リビングに収納はそれほど必要ないはずです。家の中の各所に充分な収納があれば、リビングに物がはみだしてくることはないでしょう。

もしリビングに収納を設けたい場合は、背の低いカウンター収納がおすすめです。圧迫感がないので、部屋を広く見せることができますし、カウンターの上を使って好きな物を飾ることもできます。中には、クッションカバーの替えや、ひざ掛け、みんなで眺めるアルバム、子どもや孫のおもちゃ、絵本などを収納しておけると便利。

収納スペースの扉には取っ手をつけず、掘り込み手掛けかプッシュ式にして、できるだけスッキリ見せます。

リビングに低い収納を設けた例

壁に沿って設けたカウンター収納の例。背の高い家具がないので、くつろげる空間になっている。

LDの壁一面に、低いカウンター収納を設置。床の色に合わせたので、部屋のインテリアに溶け込んで、圧迫感もない。

ダイニング

キッチンカウンターのダイニング側を収納に

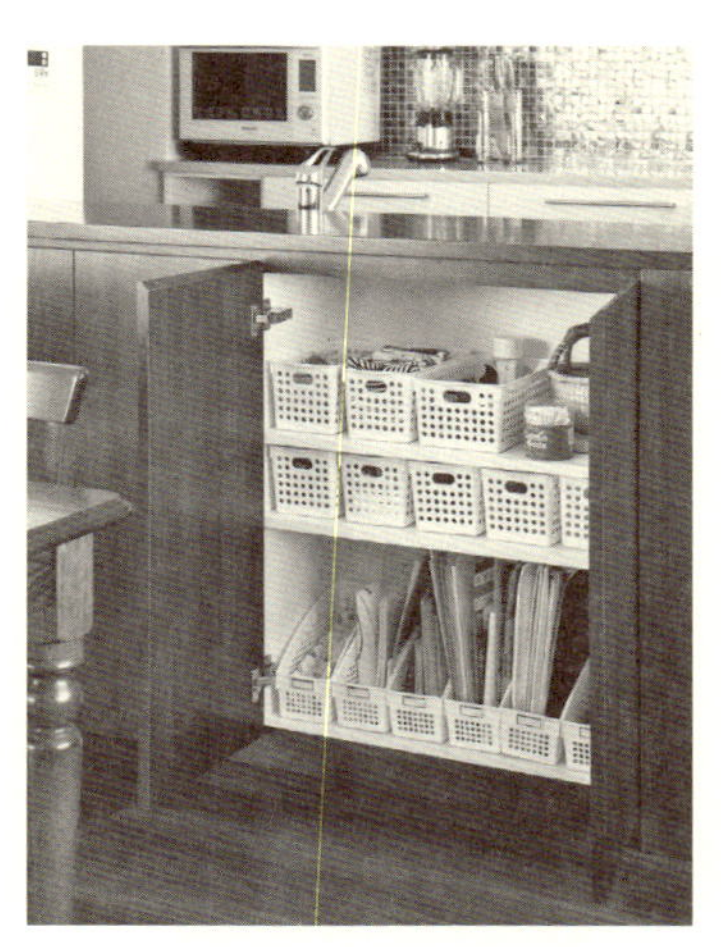

ダイニングで使いたい物をすべて収納できる
キッチンカウンター裏に設けた収納。薬や文房具、書類などをすぐそばにしまっておけるので、テーブルが散らからない。

ダイニングは、食事をする以外にも様々なことをする場所。新聞を読んだり、パソコンを使ったり、書類を書いたり、趣味の作業をしたり。子どもが勉強することもあるでしょう。そのため、ダイニングにたっぷりの収納スペースがあると部屋が片づくのですが、古い住宅の場合、ダイニングにはほとんど収納がありません。

キッチンがダイニングに面しているオープン（またはセミオープン）キッチンの場合は、キッチンカウンターの裏（ダイニング）側を収納スペースにすることをおすすめしています。

開き扉と引き出しを両方設けて、引き出しのほうには文房具や薬などの細かいものを収納し、開き扉のほうには書類などを収納しておけると便利です。また、取り皿やランチョンマット、カトラリーなども、キッチンに収納するよりダイニングに収納しておくほうが、動線が短くなり、食事の準備がスムーズになります。

カウンターを少し高くすれば調理の手元隠しにもなる

キッチンカウンター下に収納スペースを設ける際、カウンターをシンクよりも少し高くすることで、調理や洗い物で散らかったシンクがダイニング側から見えなくなるので、一石二鳥。

窓下も使ってL字に収納を設けるとさらに充実

キッチン前だけでなく、ダイニングの壁に沿ってカウンター収納を設けると、さらに収納が増やせる。カウンターの高さは、座ったときの視線より低くすると、圧迫感がない。

カウンターの端にワインセラーが出現

ダイニングに幅広く設けたカウンター収納の一角を、ワインセラーに。扉を閉めてしまえば存在感を消すことができる。

ダイニング

吊戸棚を設置すれば収納量が倍増

吊戸棚に大量の食器を収納

お客様が多く、大量の食器があるお宅。ダイニングの壁一面に設けたカウンターの上に、同じ幅の吊戸棚を設置。すべての食器が収まった。

キッチンがオープンスタイルでない場合は、ダイニングの壁一面にカウンター収納を設けるようにします。たっぷり物が収まるので、大きな食器棚を処分することもでき、食器が多い家にはとくにおすすめです。さらに収納が欲しい場合には、収納棚を高くするよりも、吊戸棚を設けることをおすすめしています。

壁一面が収納だと殺風景な印象になりますが、カウンタースペースを設けることで圧迫感がなく、好きな物を飾ることもできて、印象的なダイニングになります。

壁、カウンター収納、吊戸棚は同じ色で統一するとスッキリ見えます。吊戸棚の一部をガラス戸にして、来客用のティーセットやワイングラスなどを飾るのもおすすめです。

吊戸棚の上のほうは、手が届きにくく、中身も見えにくいので、使う頻度の少ないもの、あまり重さのないものを収納するとよいでしょう。

リビング・キッチン

〝取れない柱や梁〟を利用して収納をつくる

梁が出ている部分に変形の収納スペースをつくって、飾り棚として活用。

取れない柱を利用して、飾り棚を設置。シンクや調理台を隠す効果もある。

「壁いっぱいに収納スペースをつくりたいけれど、邪魔な梁がある」。リフォームでは、こんな問題に直面することがよくあります。

構造上、どうしても取ることができない梁や柱をどうするかというのは、悩ましい問題でもありますが、リフォームにおける建築士の腕の見せどころでもあります。どうしたら収納スペースとして最大限に利用できるか、知恵を絞ります。

その結果収納スペースが生まれて、かつ梁の存在も目立たないようにできるのが理想的です。

また、リフォームでリビングを広げようとするとき、「取れない柱」が問題になることもよくあります。この場合は、ダミーの柱をもう一本建てて、飾り棚にすることもあります。

キッチン

背面収納の充実が調理しやすさのカギ

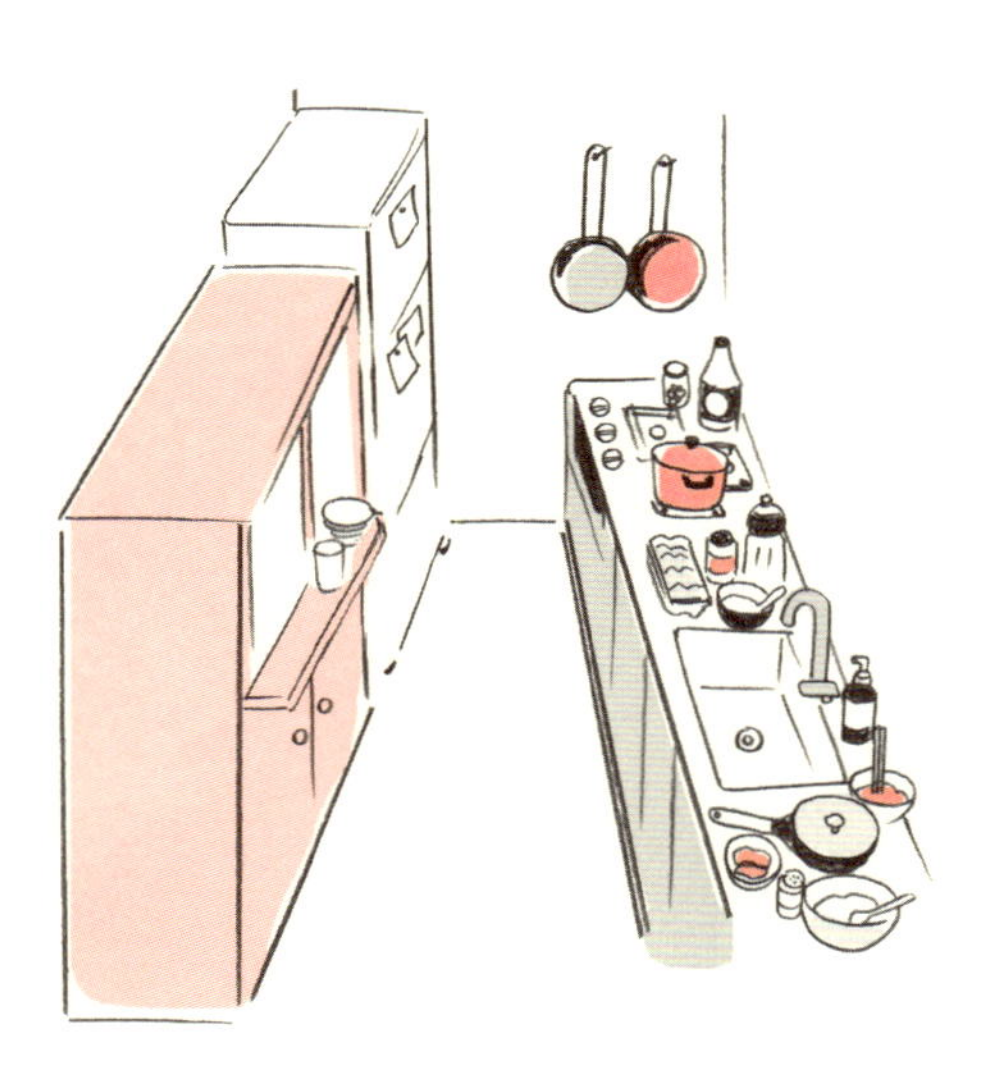

キッチンに食器が収まりきれず、ダイニングに食器棚を置いている家は、少なくありません。しかし大きな食器棚があると部屋が狭くなりますし、圧迫感があります。料理のたびにいちいちダイニングとキッチンを往復するのも不便です。

リフォームで、キッチンの背面にカウンタータイプの収納スペースを設けると、快適になります。引き出し式にすれば奥行きを深くできるので、たっぷりの食器が収納できますし、上から見渡しやすく、出し入れもしやすいです。カウンターの上には、コーヒーメーカーなどの家電を置くことができ、調理や配膳スペースとして使うこともできるので、キッチンが広く使えて効率よく作業ができます。

食器などが入りきらない場合は、さらにカウンターの上に吊戸棚を設けると、たっぷり収納できます。

背面収納を充実させた例

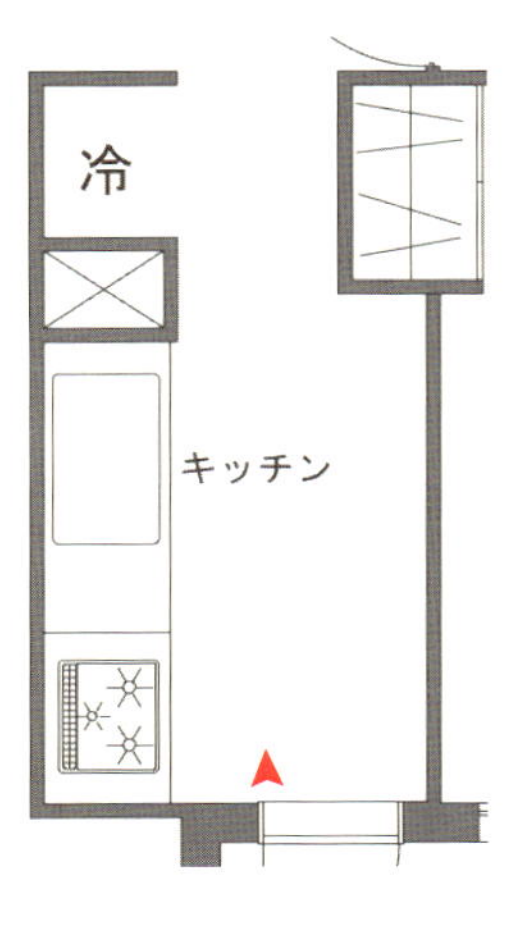

BEFORE

中古で購入したマンションのキッチン。背面の壁に造りつけの収納はなかった。

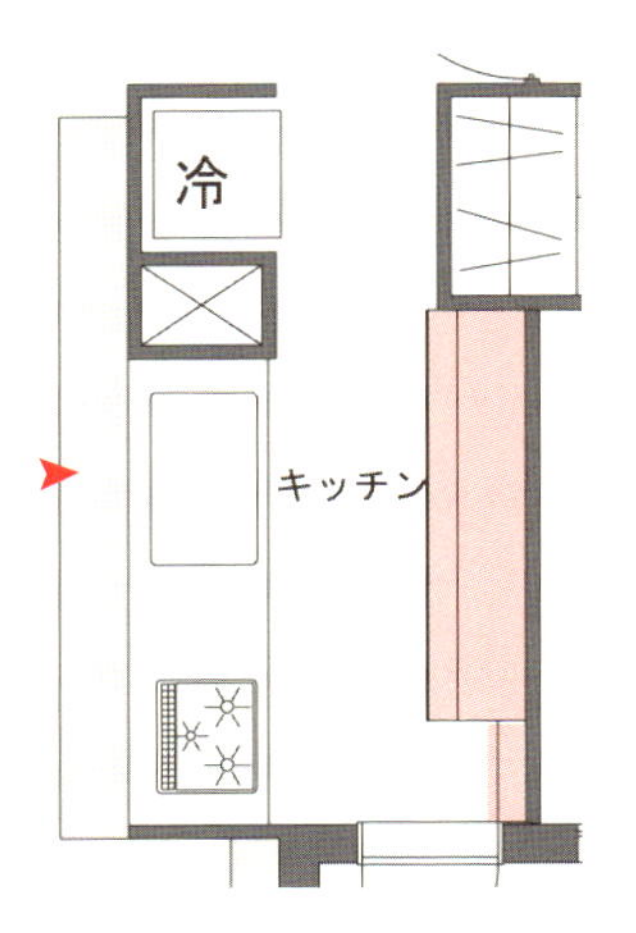

AFTER

背面の壁いっぱいに、カウンター収納と、吊戸棚を設置した。背面収納の奥行きは60㎝くらいあると便利。カウンターが広いと配膳台としても使いやすい。

キッチン

食生活に合わせたパントリーの考え方

キッチンをリフォームするなら、ぜひパントリーの設置も検討してみてください。天井から床までのパントリーがあると、一気にキッチンが片づいて、いつも物が外に出ていないスッキリした空間にすることができます。

パントリーは、奥にある食品が見えづらいとストックが把握できなくなってしまうので、あまり奥行きを深くしないほうがいいでしょう。収納スペースを少し内側に凹ませて、扉の裏側にエプロンなどをかけておけるようにすると便利です。棚板は、中に入れられる物に合わせて高さを変えられる可動式にすると、空間を無駄なく使えて、高密度に収納できます。目線の下はワイヤーかごなどを使った引き出し式の収納にすると、見やすく、取り出しやすくなります。

パントリーが大きくなったら、ストックが増えすぎないように気をつけることも大切です。

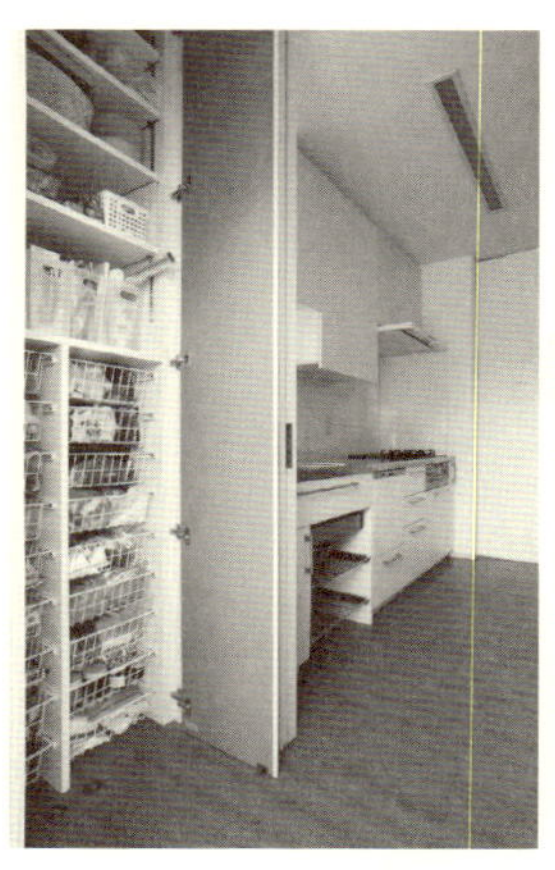

大容量のパントリー収納で片づく

キッチンに隣接したスペースに、天井から床までの収納スペースを設置。目線から下は、ワイヤーかご収納で見やすくすれば、在庫を把握しやすい。

パントリーの扉裏を利用した収納

パントリーの収納庫は少し内側に凹ませて、扉裏にフックをつけ、エプロンなどをかけておけるスペースに。

キッチン

家電のサイズに合わせて無駄なくレイアウト

背面収納に設けた家電スペース

キッチンの背面に、炊飯器、ホームベーカリーを収納するスペースを設置。使うときだけ棚板を手前にスライドできる。

電子レンジにジャストサイズのカウンター

キッチンの背面にできるだけたくさんの収納スペースが欲しかったので、吊戸棚をギリギリまで低くして収納量を増やした。

限られたスペースで収納量を増やすためには、収納の中の空間を無駄なく使うことが大切です。多くの家庭では、使いやすい場所なのに、上部の空間が無駄に空いている場合も多いので、収納を見直してみるといいでしょう。

キッチンに収納を造りつける場合は、持っている家電の大きさに合わせて設計することをおすすめします。

例えば背面の吊戸棚の高さは、カウンターに置く電子レンジやコーヒーメーカーの大きさに合わせて、ギリギリまで低くすることで、空間を無駄なく使うことができます。

カウンターの下に家電を収納する場合は、手前にスライドできる棚板を設置します。ここも、やはり家電の高さギリギリに収納スペースをつくるとよいでしょう。

上下に無駄なスペースがないことで、収納量が増えるだけでなく、見た目も美しくなります。

寝室

ベッドの近くに物を置ける場所が欲しい

奥行きの浅いカウンターを設けた例

壁の幅いっぱいに、奥行きの浅いカウンターを設置。ほんの少しのスペースでも、物が置けると快適になる。

出窓を設けた例

ベッドの枕側に出窓があると、本などを置けるし、好きな雑貨を飾るスペースにもなる。

布団に入ったまま手の届く場所に、ちょっとした物が置ける場所があると、大変快適になります。ティッシュや眼鏡、読みかけの本、ラジオ、リモコンなどが置けると便利ですし、スマホや時計を置いて、時間を確認したい人もいるでしょう。

ナイトテーブルを使ってもいいのですが、寝室があまり広くない場合は邪魔になります。枕側に窓があるなら、出窓にして、物を置けるようにするといいでしょう。出窓をつくれない場合は、ベッド脇の壁に小さいカウンターを設置するという方法もあります。ライトスタンドを置いたり、スマホの充電をすることもあるので、ここにはコンセントも必要です。

寝室に余裕があって、収納スペースを設けたい場合は、圧迫感がないカウンター収納にするのがおすすめ。窓の下に設ければ、明るさを損ないません。カウンターの一角に椅子を入れれば、書斎としても使えます。

客間

客間の収納はホテルを参考にする

壁にコートかけを設ける

壁に造りつけの、シンプルなハンガー用フック。耐荷重が大きく、見た目もスマート。

押入れの下にバッグ用スペースを確保

客用布団を収納している押入れの下の収納スペースを、30cm奥に凹ませた。ここにバッグなどを置けば、部屋を広く使うことができる。

お客様が泊まりに来る場合は、ふだんあまり使っていない和室を客間にするケースが多いでしょう。離れて暮らしている家族や親せきが頻繁に訪れたり、長く滞在するというお宅もあります。もし客間として使うことが多いなら、お客様が快適に過ごすことができるような、客間ならではの収納の工夫を考えてみませんか？

コンパクトなホテルをイメージしてみるといいでしょう。コートや脱いだ洋服をかけておける場所があると便利ですし、スーツケースや大きなバッグをしまっておけるスペースがあると、部屋が広く使えます。それほどお金がかかる施工ではないので、リフォームのついでに検討してみてはいかがでしょうか。

ちょっとした工夫ですが、短い期間でも心地よく滞在してもらえるようになります。こういう配慮が、本当のおもてなしだと思います。

廊下

人が通るだけの空間を有効利用する

廊下に設けたタワー収納

玄関からLDに続く廊下に設けた、天井から床までの収納スペース。取っ手をつけずプッシュ式にしているので、壁のようなすっきりした印象。

物が多いお宅や、小さい家におすすめしているのが、廊下を利用した収納リフォームです。人が通るためにしか使っていないこの空間を、収納に利用することができれば、家の中は驚くほどすっきりと片づきます。

わずか30センチ壁面を凹ませるだけで、大容量の収納スペースがつくれます。天井に垂れ壁を設けず、天井から床までの扉を壁と同じ色にすることで、閉めているときの存在感をなくすことができます。

日用品や工具類、防災用品、リサイクルごみ、水の買い置き、レジャー用品などをたっぷりと収納できます。洗面室が狭い場合は、近くの廊下にこの収納を設置すれば、洗剤やタオルのストックを収納できて便利。

物を奥にしまうと出し入れしにくく、何があるか把握できなくなってしまうので、奥行きは浅くして、その分、幅はできるだけ広くします。棚は可動式にして、無駄な隙間ができないように調整します。

廊下に収納を設けた例

階段の両側を本棚に

階段の両側の壁に、本棚を設置。家族がお互いの本を共有できたり、子どもが本に興味を持つきっかけになるというメリットも。

壁を凹ませて飾り棚に

吹き抜けになっている2階の、手すりの壁を少し凹ませて、飾り棚として活用。

棚の中を白いかごで整理

100円のメッシュかごや、ファイル立てを利用して、物をカテゴリー別にスッキリと整理。中が透けて見えるので使いやすい。

ドア・窓

不要なドアや窓をふさいで収納スペースを増やす

ドアをなくして、納戸と書斎を設けた

子どもが自立して家を出たのを機会に、子ども部屋だった洋室をなくして、納戸と書斎を設けた。ドアがあった場所は納戸の壁に。（左ページ見取り図参照）

居住スペースをほんの少し犠牲にすることで、大きな収納スペースが生まれ、家が生まれ変わることがあると、リフォームをするたびに実感します。壁面が少なく、収納があまり設けられない家では、ドアや窓をふさいで収納をつくるという提案をすることもあります。

例えば、キッチンから洗面室に直接行けるドア。一見便利なようですが、実際に暮らしてみると、なくても不便ではないことに気づきます。ドアをつぶして収納を増やしたほうが、暮らしが快適になるかもしれません。

大きな掃き出し窓も、あまり使っていないなら、下半分にカウンター収納を設置するという方法があります。窓の面積を減らすことで、冬の寒さが和らげられたり、高層マンションの場合は浮遊感を抑えられて、落ち着いて暮らせるという効果もあります。

窓やドアは多ければいいというものではないので、プランをつくるときには慎重に検討することが必要です。

ドアをふさいで収納を増やした例

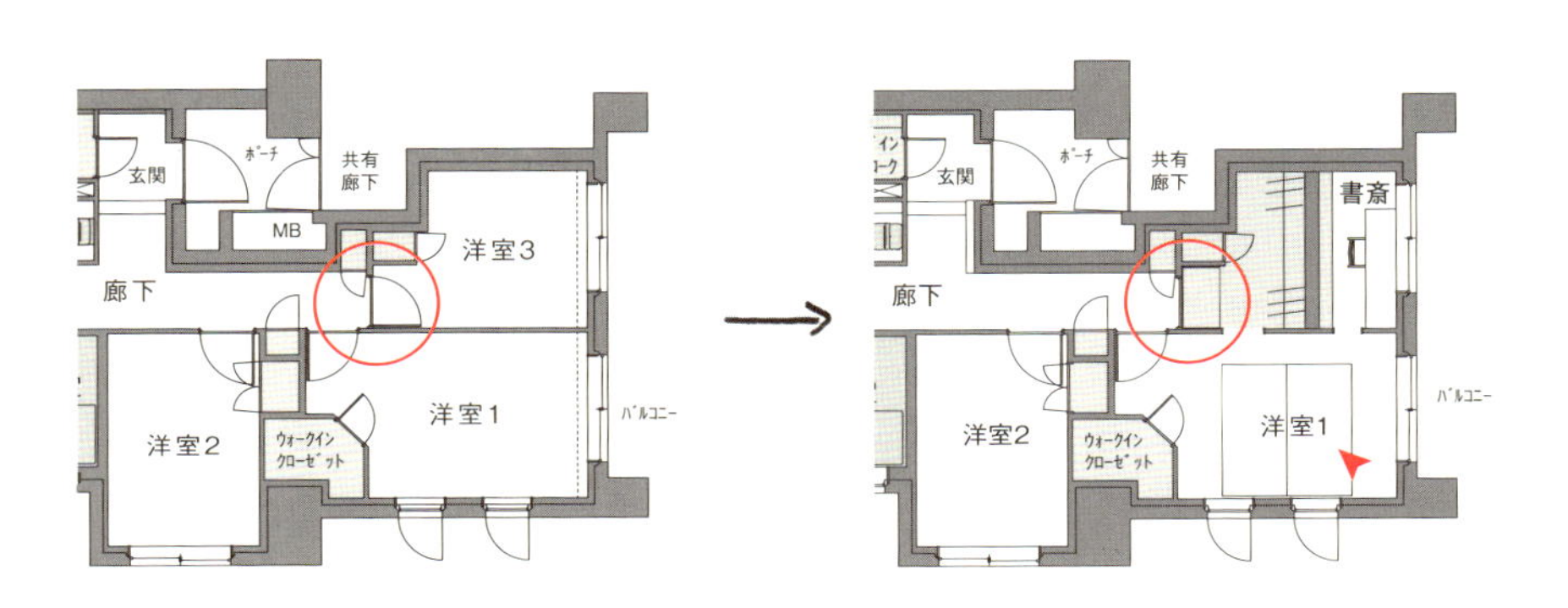

BEFORE

廊下の突き当たりに、洋室（子ども部屋）につながるドアがあった。

AFTER

ドアをふさいで、洋室を大容量のウォークイン収納と小さい書斎にリフォーム。

窓の面積を減らして収納を増やした例

BEFORE

リビングの南西の壁一面に設けられた窓。収納家具が置けないうえ、夕方には強い西日が入っていた。

AFTER

窓の下半分にパネルを立てて、カウンター収納を設けた。半分でも、部屋の明るさは充分確保できる。

収納スペース

棚板の使い方で収納量は倍増する

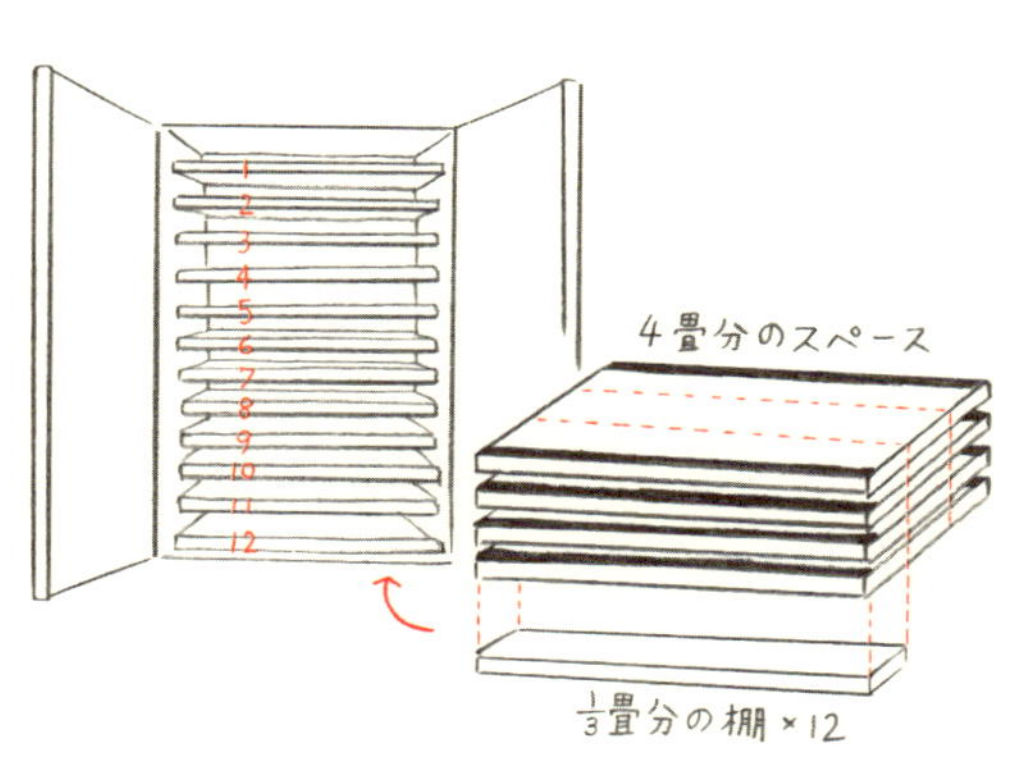

高密度収納の例

幅180×奥行き30㎝（ほぼ3分の１畳）の収納スペースを設ける場合、床から天井までの高さが240㎝なら、棚板は20㎝間隔で12枚入れられる。その結果、収納スペースは合計約4畳分の広さに。

収納を増やすために、自分でも簡単にできるリフォームがあります。それは、収納庫の中のスペースの「高密度化」です。

「うちは収納が少なくて」というお宅の多くは、実は収納庫の中の空間をちゃんと使いきれていないものです。中に入っている物の高さに合わせて、すき間なく棚板を設置するだけで、収納量は倍増します。

ホームセンターなどで、「棚柱」と呼ばれる金物のレールと棚受けのセットを購入し、取りつければ、棚板の高さは自由に動かすことができます。棚板もカットしてもらい、必要な枚数を追加するといいでしょう。

さらに、かごやボックスなどで仕切って「立てる収納」にすることで、見やすく、取り出しやすくなるだけでなく、収納力が確実にアップします。同じデザインのかごで統一すれば見た目もきれい。深さがあるかごにはラベルを貼り、中身がわかるようにしておくと使いやすいです。

納戸・クローゼット

〝うなぎの寝床型〟の納戸は無駄がない

造りつけの大きな収納を設けるには、壁面収納とウォークイン収納の2つの方法があります。

ウォークイン収納は、中をひと目で見渡せるので、物を管理しやすいというメリットがあり、衣類の収納などには便利です。中には扉を設置しなくていいので、コストが節約できるのもよい点です。ただし、収納スペースに加えて、人が中に踏み込むためのスペースが余分に必要になります。

ウォークイン収納を設けるなら、うなぎの寝床のような細長い形だと、スペースを無駄なく使えます。両側の壁面いっぱいに収納棚を設置すれば、かなり大量の物を収納できます。

ウォークイン収納の中は、ハンガーパイプを設置して洋服を吊るせるようにしたり、収納棚のない壁面にはワイヤーネットを取りつけて、S字フックで物をかけられるようにして、狭い空間を有効に使う工夫をします。

日用品や家電を収納

2つの収納庫をつなげて、ウォークインタイプの納戸にした。壁の一部にワイヤーネットを取りつけて、バッグや掃除用具などを収納している。

寝室のクローゼット

寝室に設けた、ウォークインタイプのクローゼット。ハンガーパイプを2段に設置（左側）すると、収納量が2倍に。

収納スペース

空間を徹底的に収納に利用する

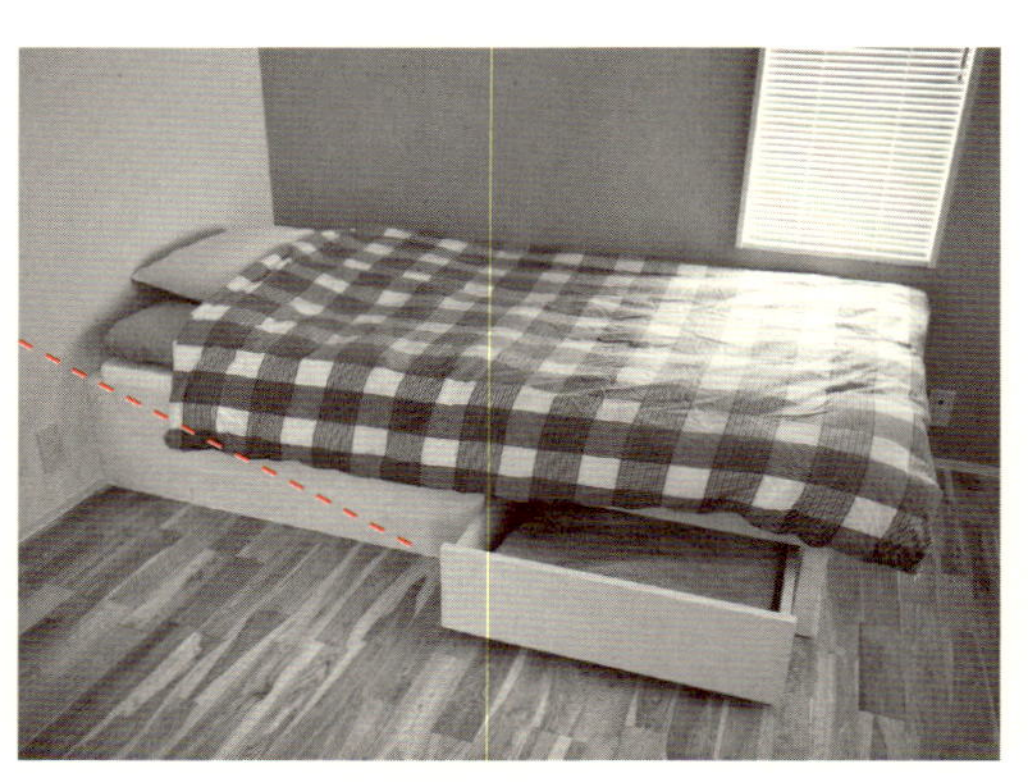

空いたスペースに引き出しを設置

階段の天井部分（点線）を利用して、ベッドを設置。右側は、シーツ類を収納する引き出しに。

家の中のどこにどんな収納を設けるか考えるのは、パズルを解いているようなものです。居室の広さを犠牲にすることなく、少しでも多く収納を設けるためにはどうすればいいか、知恵を絞ります。

収納スペースは、ふだんは存在感がなく、必要なときだけ現れるのが理想です。扉の素材や色を壁と同じにして、できるだけ目立たせないようにします。

また、リフォームでも新築でも、設計上、どうしても「デッドスペース」が生まれることがあります。使いにくい変形のスペースができてしまうことも。そういうときは、「このスペースを収納に使えないかな」と考えてみます。

狭いから無理と思われるような空間でも、工夫次第で収納スペースはつくり出せるものです。

戸の引き込み部に収納をつくる

（右）戸ぶすまを引き込むために、壁が厚くなっている。
（左）壁の中の余った空間に、収納庫を設置した。

上下のスペースを2部屋で分けて使う

隣り合った部屋のそれぞれに収納をつくりたいけれど、スペースがたりない場合は、空間を上下で分けて使うという方法がある。収納は半分でも、扉は天井から床まで設置するのが、スッキリと見せるポイント。

上半分

上の空間は、和室で客用布団などを収納するのに利用している。

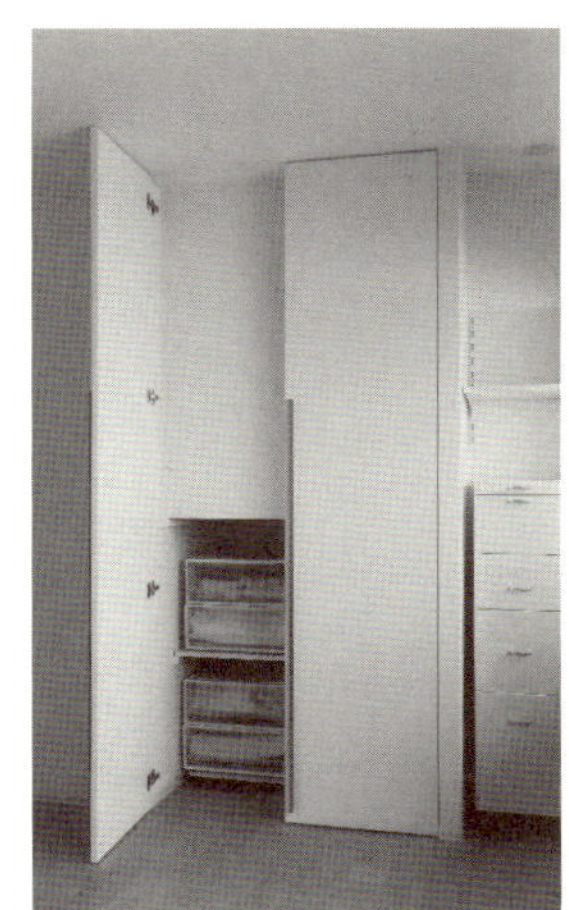

下半分

下の空間は子ども部屋で、衣類の収納スペースとして活用。天井から床までの扉で、壁と一体化させている。

壁

壁の奥行きを利用して収納スペースをつくる

洗面室に設けた薄い壁面収納
スペースの小さい洗面室に設置した、奥行き20㎝の壁面収納。棚板の数が多いので、たくさんの物が収まる。

洗面室や廊下に収納を増やしたいとき、私はいつも、天井から床までの、奥行き30センチの収納を設けることにしています。使い勝手のよいサイズのかごがぴったり収まるからです。しかしどうしてもスペースが限られていてそれがかなわないときは、壁の厚みを利用した収納スペースを提案することがあります。

たった15センチの奥行きしかない空間でも、壁面収納を設けることはできます。天井から床までの高密度収納にすれば、見かけよりはるかに大量の物を収めることができます。

浅い収納は、「奥にあるものが見えない」という不便がないので、思った以上に使いやすいものです。洗面室にこの収納を設ければ、たくさんのタオルや下着、洗剤などを収納できて、洗面台の上に物を置く必要がなくなり、快適になります。

壁・扉裏

壁面や扉裏も収納スペースになる

廊下の一角に設けられた、自転車置き場。ポールを設置して、ワイヤーで吊り下げる方法。

扉裏に、スリッパをかけられる短いバーを何本も取りつけた。スリッパ立てを置く必要がない。

子ども部屋の壁の一部に、ワイヤーネットを設置。帽子やバッグなどを吊るしておける。

スペースがなくて収納がつくれないときや、もっと収納を増やしたいというときは、壁面を収納に利用する方法があります。ワイヤーネットを壁に取りつければ、S字フックを使って物を吊るすことができます。ウォークインクローゼットの中にも設置すると、帽子やベルトなどをかけておけて便利です。

ただしワイヤーネットを設置するときは、お客様の目に入らない場所に設置するのがおすすめ。目立つ場所にあると、落ち着かない印象になってしまいます。

目につかない場所で、収納に活用できるおすすめの場所が、「収納庫の扉裏」です。下足入れや納戸、パントリーなどの扉裏にバーなどを取りつけることで、あまり目に触れさせたくないものを吊るして収納できるので便利です。手軽に取り入れられるリフォームなので、ぜひ試してみてください。

玄関

意味のないカウンターより収納スペースが欲しい

BEFORE

AFTER

カウンター収納を壁面収納にリフォーム

玄関を入ると左側にある収納スペース。あまり意味のない飾り棚をなくして、天井までの壁面収納に。扉の一部を鏡にしたため、空間が広く見える。

玄関も、洗面室と同様に、たっぷりの収納が必要なスペースです。たたきにいつも靴が出ていない状態にするためには、家族全員の靴がすべて収まる下足入れが必要。子どもが小さい場合は、今後靴が増えることを予想して、さらに余裕を持った収納が求められます。

しかし古いマンションでは玄関が狭いところが多く、収納は小さい下足入れだけというお宅もあります。よくあるのが、上に吊戸棚があって、その下にカウンタータイプの下足入れが設けられている玄関収納です。飾り物のためのスペースということでしょうが、多くの場合、目に入りにくい位置（正面ではなく、横）にあるのであまり意味がありません。

リフォームによって、下足入れを天井までの壁面収納に変えることで、玄関のスペースを確保しつつ、収納量を大きく増やすことができます。垂れ壁を設けげず、壁と一体化した扉にすることで、空間が広く見えます。

玄関

多機能な玄関収納が家を救う

上着や帽子などを収納できる玄関
60代の夫婦二人暮らしの玄関収納。上着や帽子などを収納するスペースを設けたので、出かける準備もスムーズに。

白いボックスは、壁内埋込み式のポスト。不用な書類はすぐにシュレッダーで処理。

外で使う物をすべて玄関に収納しておければ、家の中が散らからなくなり、暮らしは快適になります。

外から帰ったら、靴だけではなく、上着やマフラー、帽子や手袋も玄関に置いてから部屋に入ることができれば、部屋の中の「脱ぎっぱなし」「置きっぱなし」という問題がなくなります。気持ちも、仕事モードから家庭人モードへと切り替わりやすくなります。玄関に余裕がある場合は、下足入れを広げて、上着などの収納スペースをつくることを検討してはいかがでしょう。

ポストに投げ込まれる不要なＤＭやチラシなども、家に入れる前に玄関で処理できれば快適です。そのために、玄関にリサイクルごみやシュレッダーを置ける場所を確保することをおすすめしています。開封するためのハサミも置いておくと便利でしょう。

玄関に様々な機能を持たせることが、家事をラクにして、自然に片づく家にするためのカギになります。

「薄暗い」を解決する光の取り込み方

マンションでも明るくする方法はある

光の当たる時間が短くて、昼間でも電気をつけて過ごしているという家があります。マンションに多い悩みですが、改善する方法はあります。もし外に面している部屋が続いていて、それが区切られているのなら、壁を撤去してひとつの部屋にするだけでも、光の入る範囲をかなり大きくできます（左ページ右上参照）。

窓をつくることで風の通り道もできる

窓をつくりたいけれど、外からの視線が気になるのでつくれないという場合は、高い位置に窓を設けるという方法があります。窓は高いほうが、効果的に光を取り込めます。さらに足元にも窓を設けると、風が通ってより快適になるでしょう。「採光は上から、通風は下から」というのが私の考え方です。

2階建ての家の場合は、吹き抜けにすることでかなり明るくなります。ほかにも、壁をルーバーに変えたり、部屋と部屋の間に窓をつくるなどの方法でも、明るさは格段に変わります。

光を取り込む方法

高い位置に窓をつくる

隣の家に面していて、大きな窓を設けられなかった東側の壁。高い位置に窓をつくることで、かなり明るさを確保することができた。足元には通風用の窓も設置。

壁をなくす

２つの部屋の間の壁を取り去っただけで、光の入る面積がかなり大きくなる。例えば２つの居室を1つの広いLDKにするリフォームは、部屋全体を明るくする効果がある。

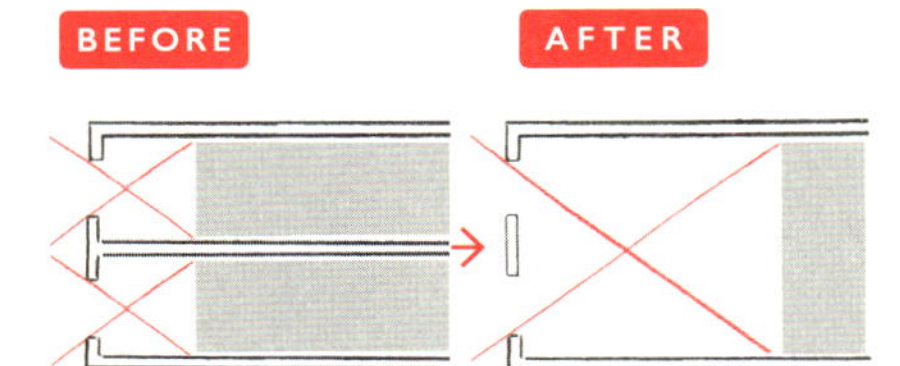

壁があると、奥まで光が入りにくい。

壁を取り去ると、光の入る範囲が広がる。

壁をルーバーに変える

目線を隠したいけれど、光を取り込みたいという場合は、ルーバーで解決させる。部屋と部屋をゆるやかに区切ることで、落ち着いた空間になるという効果も。

部屋と部屋の間に窓をつくる

外につながっていない部屋でも、窓の位置を工夫することで、外からの光を入れることができる。下は、仕事室に入る光を、主寝室に取り入れたマンションリフォームの例。

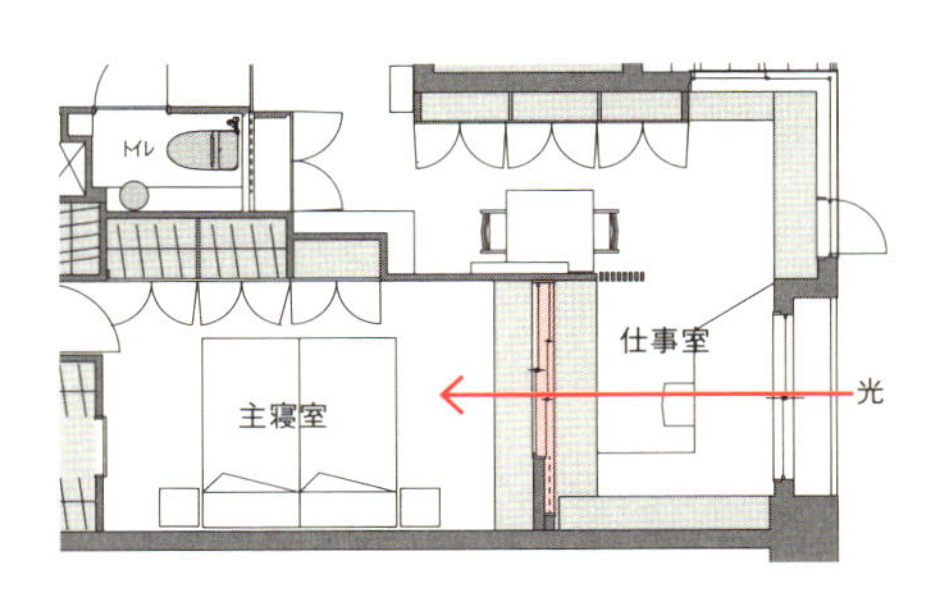

第5章

「狭さ」を克服するリフォーム

発想の転換で家は広くなる

生活空間はある程度広いほうが、居心地よく暮らすことができます。しかし都市の住宅事情では、理想の広さを手に入れることは難しく、たいていは限られた空間でやりくりをすることになります。

家の面積を広げることはできなくても、リフォームによって生活空間を増やすことは可能です。

ひとつは、「家具を減らす」という方法です。造りつけの収納をつくって置き家具を減らすだけでも、家は広くなります。リビングとダイニングを兼用にして、ソファをなくせば、空間をかなり広く使えます。

また、視覚効果で広く見せることもできます。段差をなくすこと、下がり壁を設けないなどの方法が有効ですが、大きな鏡を設けるだけでも空間は広く感じられます。

リビング・ダイニング

ダイニングの椅子を低くすればソファが不要になる

低めのダイニングチェアがあれば、くつろげる

9畳のリビング・ダイニングを広く使うために、ソファは置かず低いダイニングチェアを選んだ。食後はここに座ったままテレビを観る。

椅子は座面が広く、背もたれが体の線に沿ってカーブしているものを選ぶとよい。ひじ掛けがあると、立ち上がるのがラクになる。

リビング・ダイニングに広さが十分ある場合は、ダイニングセットと、ソファを置くことができますが、あまり広くない場合には、その両方を置くと余裕がなく、狭い空間になってしまいます。

そんなときはソファを置くのをやめて、「椅子の低いダイニングセットを置く」という提案をしています。椅子を5センチほど低くするだけで、ゆったりと足をつけて座ることができ、長時間座っても疲れにくくなります。

高齢になってくると、やわらかいソファから立ち上がるのが負担になるものです。「ソファを置かない」という選択をすることで、部屋を広く使うことができるだけでなく、物にぶつかって転ぶような心配もなくなります。

椅子は座面が広く、背もたれが体の線に沿ってカーブしていて、ひじ掛けのついたものを選ぶとよいでしょう。持っているテーブルや椅子を使う場合は、家具の修理業者に頼めば、脚をカットしてもらうことができます。

ソファをなくした例

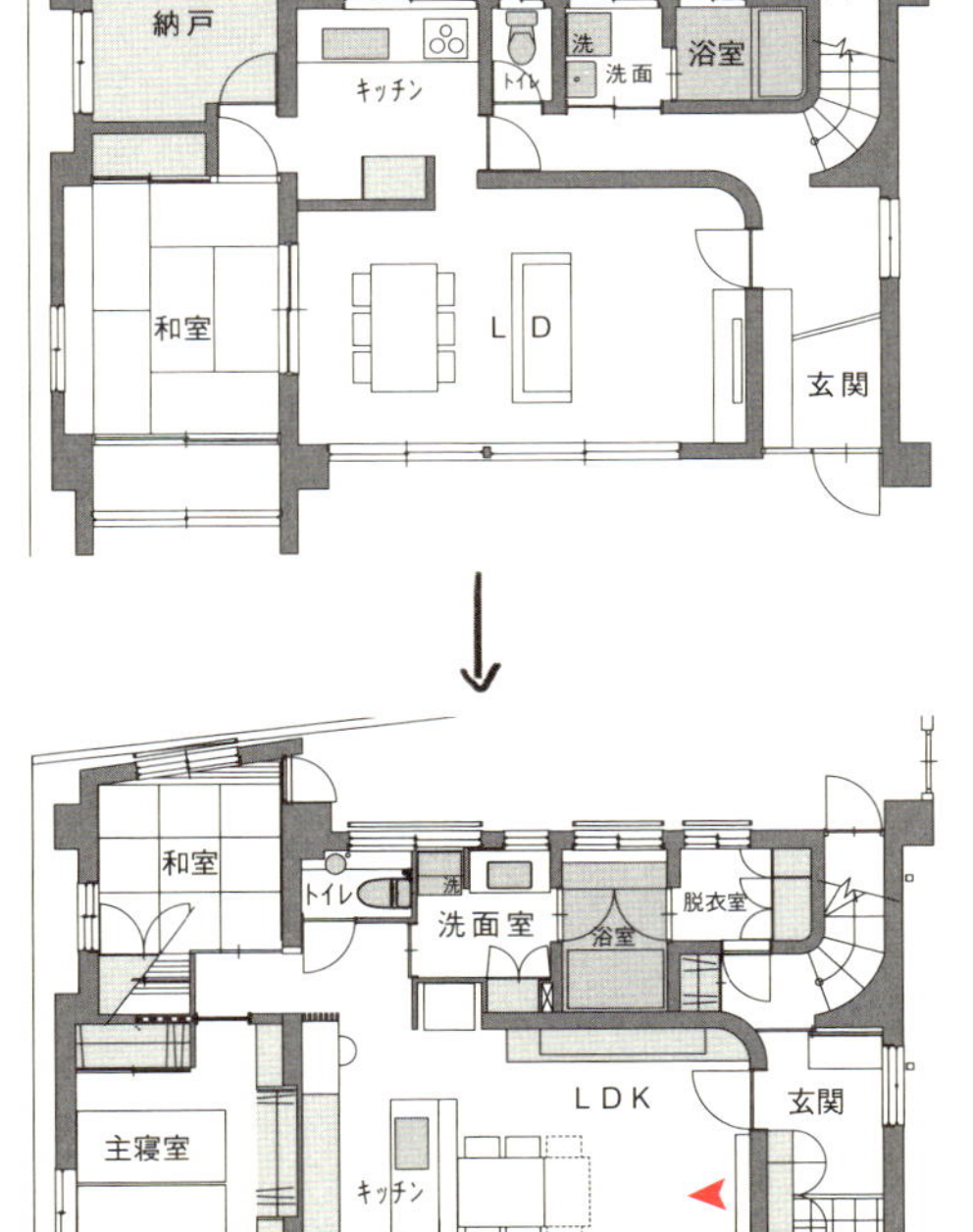

BEFORE

北側にあるキッチンは、昼間でも電気が必要だった。LDに隣接する和室は、使うことが少なく、物置きのようになっていた。

AFTER

キッチンを南側に移動し、明るく開放的な空間に。その分LDが少し狭くなったので、ソファをなくして低いダイニングセットを置いた。和室はなくし、2階にあった寝室を1階に移動。階段を上り下りする回数も減った。

明るいキッチンで、料理するのが楽しくなったと奥様。ソファがないので、空間を広々と使うことができる。

リビング

デッキスペースと一体化することで広さを出す

リビングの外に、デッキスペースを同じ高さで設けると、空間が広くなったように感じる。

リビングは、一日の終わりや休日に家族がくつろぐことができて、お客様には居心地よくいてもらえる場所であることが理想です。そのため、広々とした空間であってほしいと誰もが思います。

しかし実際には、それほど広いリビングを確保できない場合も多いでしょう。

私がよく提案するのが、リビングから外のデッキスペースにつながる空間を、ひと続きに見せる工夫です。掃き出しの窓から見えるデッキスペースの床を、家の床の高さと合わせ、凹凸のない平面にすること、そして床の色もある程度合わせることで、リビングが広くなったように感じられます。

さらに、デッキスペースを高めの塀で囲い込むことで、外部なのに室内のような広がりを持った感覚で過ごすことができます。デッキスペースにはテーブルセットを置いて、食事やお茶ができる空間にするのもおすすめです。

塀で囲い込むと
部屋が広がった感覚に

リビング・ダイニングから同じ高さのデッキスペースを設けて、さらに塀で囲んだことで、部屋が続いているように見える。

広いデッキスペースは
リビングのように過ごせる

建物をつくれないスペースに、広いデッキスペースを設けた。天気のいい日には、掃き出し窓を開放して、広いリビングとしてくつろぐことも可能。

リビング

カーテンをシェードに変えると広くなる

部屋を広く見せるひとつの方法としておすすめしているのが、引き分けのカーテンをやめて、シェードにするというアイデアです。

引き分けのカーテンは、閉めているときも開けているときも存在感があり、部屋のイメージを大きく左右します。インテリア性は高いのですが、ヒダ分の厚みが出るので部屋を狭くしがちです。

カーテンをやめてシェードにすれば、窓回りがスッキリして、部屋を広く使えます。壁に近い色を選ぶと、存在感を消すことができます。

機能的にも、上下を開けて真ん中を隠すなどの自由な使い方ができますし、ハニカム構造（P.47参照）のシェードなら、冷暖房効果をアップさせることもできます。

お手入れも、ときどきハタキをかけるだけでいいので、カーテンに比べるとラクです。

シェードにすると窓回りがスッキリ

壁と同じ色のシェードにすることで、窓回りがスッキリとして、空間が広く見える。上下を開けて、外からの視線を遮ることも可能。

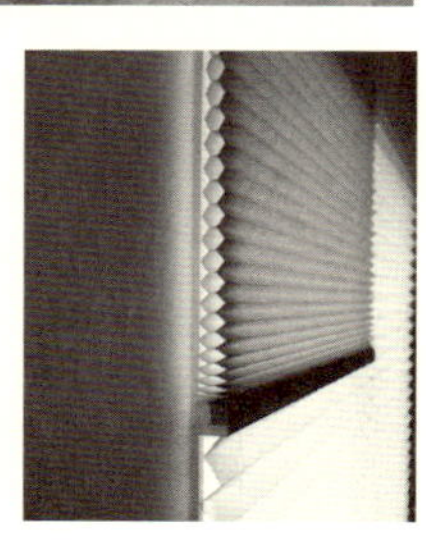

ハニカム構造のシェードは断熱効果があり、部屋の空気を外に逃がさない。

和室

吊り押し入れにすれば広く見える

吊り押し入れで広く、明るい和室に
床から浮かせて、壁の幅いっぱいに設けた「吊り押し入れ」。下に照明をつけると、明るく、さらに広がりを感じることができる。

「浮き床」で部屋を広く使う
床の間をつくる代わりに、壁に奥行きの浅い「浮き床」を設置。上の空間に絵を飾ったり、花を活けるなどインテリアを楽しむことができる。

最近では、リフォームで和室をなくすケースが増えています。一方で、やはり和室は残したいという人も少なくありません。お客様が泊まる場合にも便利ですし、和の空間にいると、気持ちが和むものです。

和室を少しでも広く使うためにおすすめしているのが、押入れを床から少し浮かせるというアイデアです。

和室は、基本的に畳に座って過ごす場所。視線が低いので、自然と床に目が行きます。押入れの下が開いているだけでも開放感があり、床が広く見える効果があるのです。

吊り押し入れの下には、採光や通風のための窓を設けるとよいでしょう。雑貨や花を飾って、インテリアを楽しむスペースにすることもできます。

また、床の間を設ける代わりに、壁に奥行きの浅いカウンターを設置して「浮き床」として床の間代わりに使うのも、部屋を狭くしないですむのでおすすめです。

寝室

シングルベッドを並べてダブルベッドにする

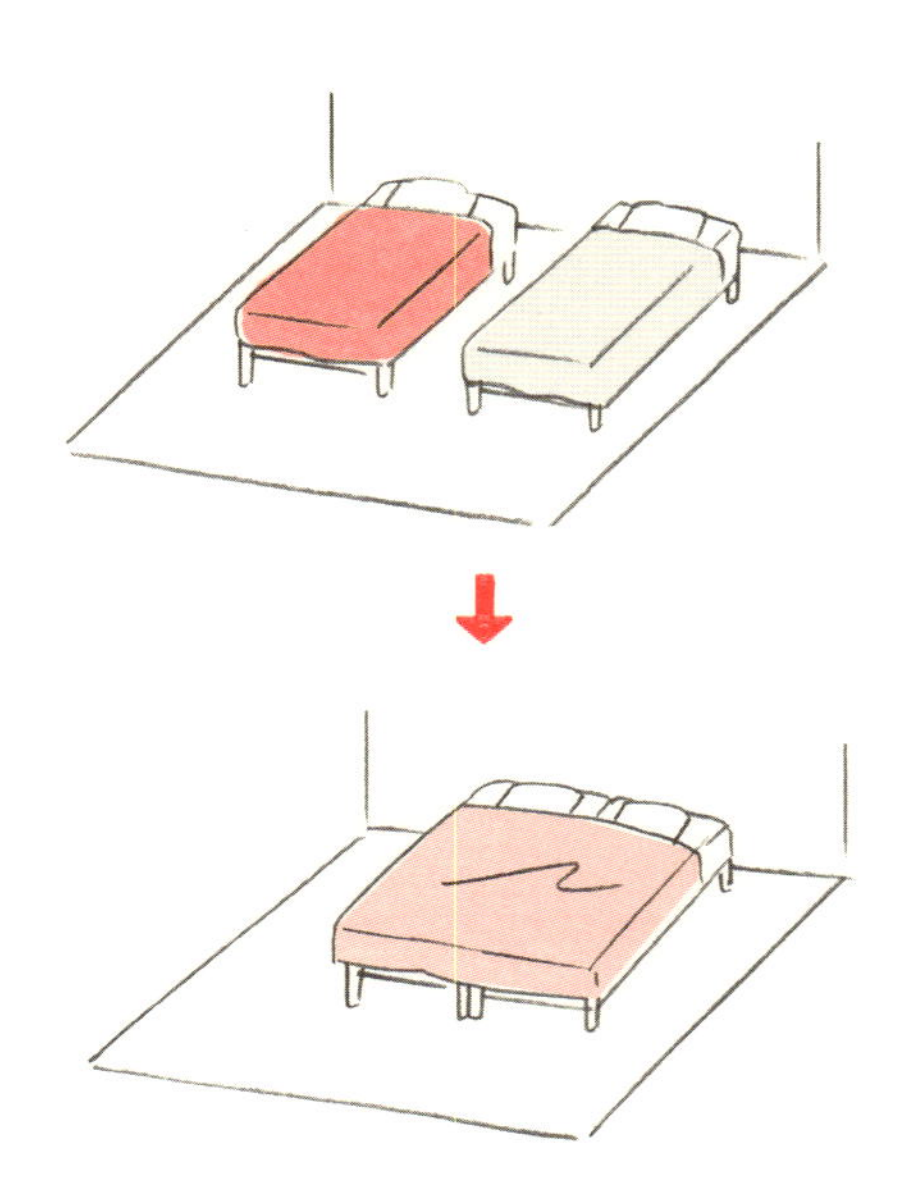

寝室は、一般的にあまり広くない場合が多いものです。6畳くらいの洋室を、夫婦の寝室にしていることもよくあります。ベッドを2つ置くと、ほとんどの空間を占領してしまい、きゅうくつに感じる場合もあるでしょう。

私がよくおすすめしているのは、シングルのベッドを2つくっつけて、ダブルベッドのようにして使う方法です（上イラスト参照）。この使い方なら、80センチ幅のSサイズにしても、さほど狭く感じず安心です。

同様に、クイーンサイズのベッド（幅160センチ）の上にシングルのSサイズのマットレスを2つ並べて使用するという方法もあります。いずれにしてもマットレスを別々にすると、お互いの振動が響かず快適です。2つのマットレスを大きい1枚のシーツでくるめば、マットが離れてしまうこともなく、ベッドメイクもラクになります。

寝室・玄関など

鏡のマジックで広く見せる

玄関内の鏡がスライド式のドアになっていて、開けると自転車やベビーカーを収納できる納戸が現れる。

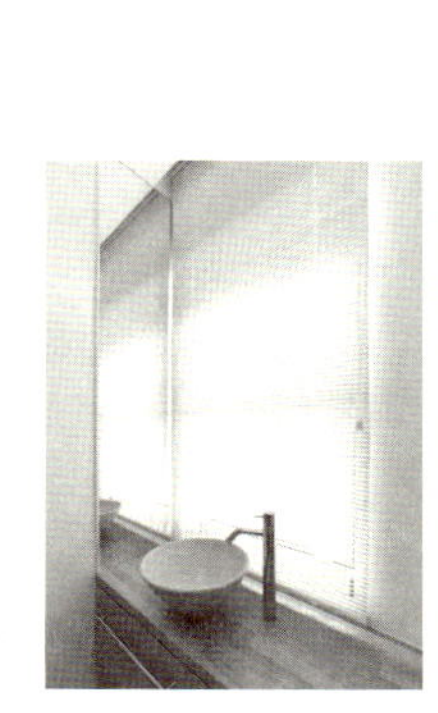

トイレに設けられた手洗い場の横に、鏡を設置。お客様は化粧直しにも使用できる。

実際の空間の広さは変わっていなくても、視覚的に広く見せる方法があります。もっとも手軽で取り入れやすいのが、「鏡を使う」という方法です。

天井から床までの鏡を設けることで、まるで空間が連続しているような錯覚を起こすので、広く見えます。

このような鏡は、玄関や寝室に設けるのがとくに効果的です。玄関に鏡があると、広さを感じられる気持ちのいい空間になるだけでなく、出かける前に全身をチェックすることができるのでおすすめです。寝室では、クローゼットの扉の一面を鏡にしておけば、朝、着替えをするときに便利です。

ほかに、トイレなど空間に余裕のない場所にも、「鏡のマジック」が効果を発揮します。

子ども部屋

部屋を広げられないならロフトをつくる

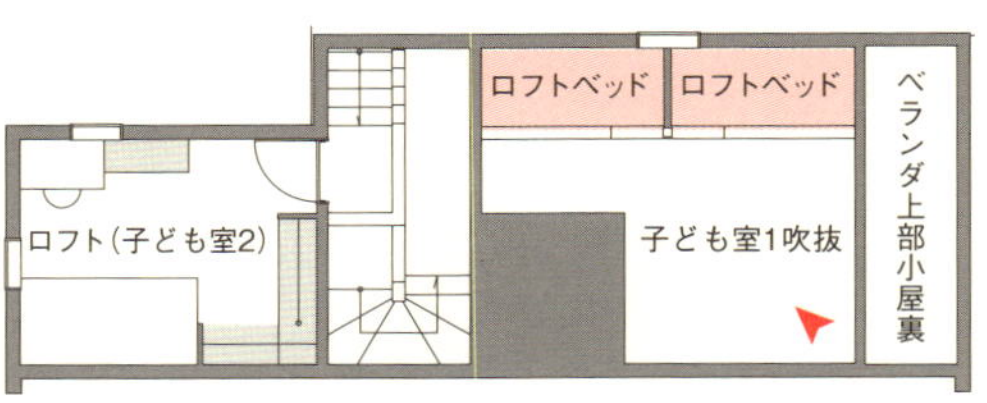

ロフトのベッドスペースを設置

中学生のきょうだい二人が使う子ども部屋。天井を高くして、ロフトのベッドスペースを設けた。ロフトの下は隣の部屋の収納になっている。

子どもが成長して、子ども部屋が手狭になってしまうことがあります。そんなときは、ロフトを設けてスペースを増やす方法をおすすめしています。

ロフトとは、小屋裏スペースのこと。家の最上階に、屋根の傾斜によって生まれたスペースを利用してつくったり、あるいは部屋のスペースを2層式にしてつくる場合もあります。

ロフトは、建築基準法においては居室にならないので、床面積には入りません。ロフトを設ける際には、天井の高さを1・4メートル以下にすること、床面積を下の階の半分以下にすること、下の階の天井の高さを2・1メートル以上確保すること、固定の階段を設けないことなどの条件があります。

子ども部屋のロフトは、ベッドとしてよく使います。ロフトの下には勉強机を置いたり、あるいはクローゼットにする場合もあります。

天井

下がり壁を設けないことで開放的になる

私は住宅をつくるとき、各居室につながるドアや、壁面収納の扉の上に、下がり壁を設けないことにしています。下がり壁があることで空間が分断され、狭さを感じさせてしまうからです。

多くの住宅に下がり壁が使われているのは、つくる側の都合で、既製品のドア（高さ２００～２２０センチ）に合わせるためです。しかし最近では、天井までのドア（２４０～２５０センチ）も出回るようになり、下がり壁を設けない住宅が増えてきました。

下がり壁がないと視界が広がりますし、採光もよくなります。視界が広がり、部屋が広く感じられる効果もあります。

リビングの大きな掃き出し窓も、下がり壁を設けず天井までの窓にすることで、開放感が出ます。さらに床と同じ高さのデッキスペースがあると、居室が広がったように感じられます。

下がり壁がないと空間が広く感じられる

廊下から居室につながるドアも、廊下に設けた壁面収納も、天井までの高さにすることで、空間を広く感じられる。

天井を続けることで一体感を出す

LDから隣の和室へと続く天井を、同じ素材・色で連続させることで一体感を出し、奥行きを感じられる空間に。

廊下

無駄な通り道をなくして空間を有効活用

リフォームで間取りを見直す際にポイントになるのが、通り道（廊下）の存在です。

古い住宅にありがちな長い廊下は、人が通るためだけのもったいない空間になっています。ここを有効活用するために、壁面収納を設けるという方法もありますが（P．106参照）、もし廊下をなくすというプランが可能なら、居室をもっと広く使うことができます。

LDを拠点として、洗面室や寝室などにアクセスすることができれば、廊下がなくても行き来ができます。洗面室を寝室にも通り抜けできる空間にして、回遊動線をつくるという方法もあります。

廊下をなくすことで、部屋を広々と使えたり収納を増やせるだけでなく、採光や通風などの条件もよくなります。中廊下が風の通り道になり、家の中が寒く感じる原因になっている場合は、中廊下をなくすことで改善できます。

廊下をなくした例

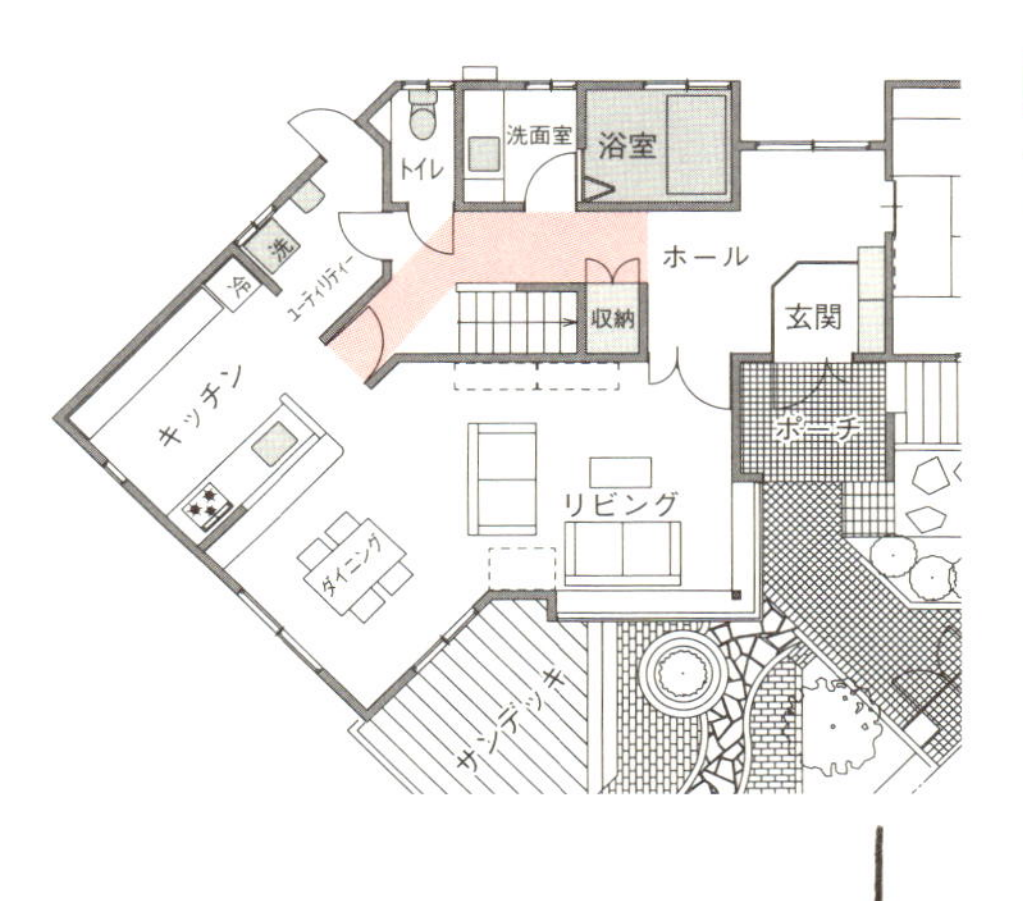

BEFORE

玄関ホールからキッチンにつながる廊下があり、そこから洗面室や浴室、トイレにつながっていた。

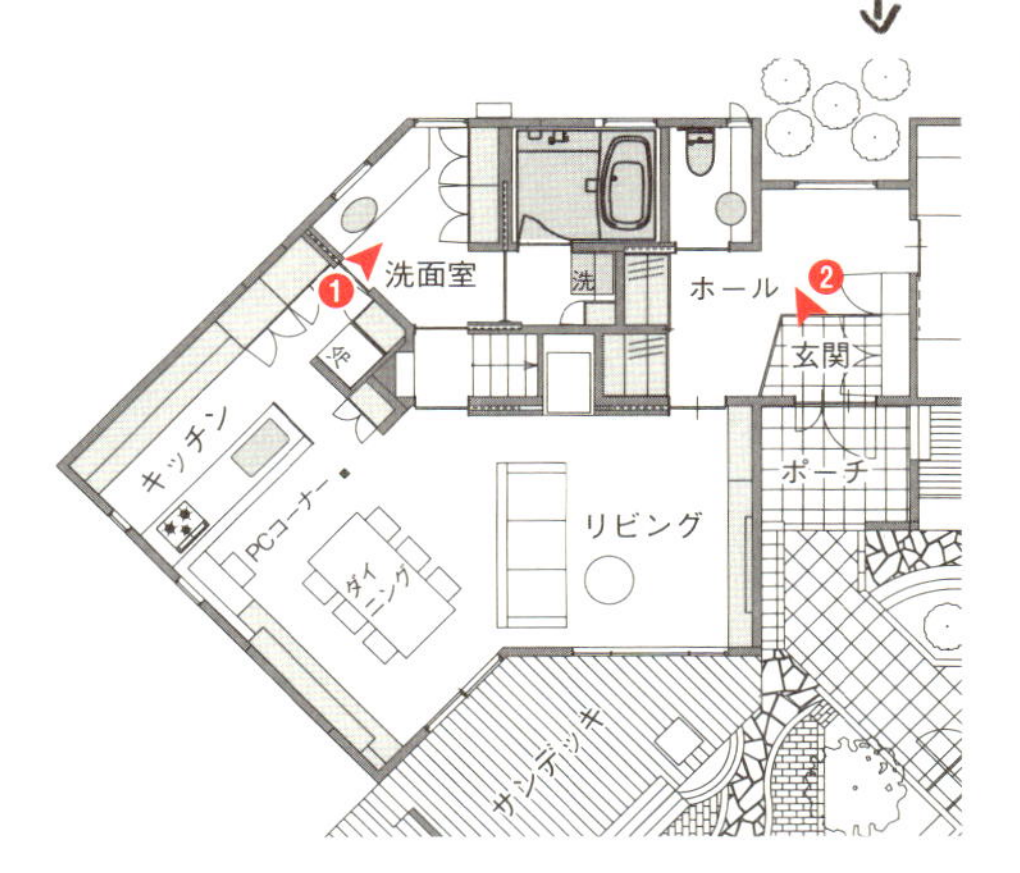

AFTER

❶廊下をなくした分、洗面室を広げ、収納スペースもたっぷりと増やすことができた。風の通り道がなくなったことで、寒さもかなり軽減できた。

❷玄関にも大容量の収納スペースを増設。収納しきれずにあふれていたものがすべて収まった。

第6章

生活感を隠して美しく見せる

見せたくない物を隠すと見せたい物が映える

住宅には、リビングやダイニングのようにくつろいで長い時間いる場所と、キッチンや洗面室のように作業だけをする場所があります。作業をする場所は、高密度の収納を設けて、機能性を高めることが重要ですが、長くいる場所は、機能性より心地よさが大切。目に入る物は整えられたインテリアだけというのが理想です。

座ったときに視線が行く場所に、生活感がある雑多な物が置いてあると、それだけでくつろげません。その代表的なものがごみ箱や家電、外に干してある洗濯物です。それらを「フォーカル・ポイント」（空間の中で自然に目が行く場所）から「ブラインド・ゾーン」（視線が行かない場所）に移すだけで、ずいぶん気持ちのいい家になります。

リビング・玄関

インテリア兼目隠しにルーバーを利用する

リビングの脇に設けられた、奥様の家事スペース。ルーバーを使用することで、空間を仕切りつつ明るさを確保している。

空間を仕切りながら、明るさを確保したい。そんなときに便利なのが、ルーバーです。

居室は広いほどいいと思われがちですが、空間の使い道によっては、部分的に壁があったほうが落ち着くという場合があるものです。こんなとき、柱と壁の間にルーバーを使うことで、光を取り込みながら空間を仕切ることができます。

また、リフォームでは、2つの居室の間の壁をなくして1つの広い居室にすることがよくあります。その際にときどき問題になるのが、どうしても取れない柱の存在。そんなときに、柱と壁の間にルーバーを設置するのも、おすすめの方法です。

ルーバーの間から光が差し込んでフローリングに影を落とす様子は美しいものです。機能性だけでなくインテリア性も高いので、リフォームではよく活用しています。

リビングの入り口にルーバーを設置

廊下から部屋に入ってきたときに、リビング全体がすぐ丸見えにならないので、落ち着いて過ごせる。

エアコンをルーバーでカバーする

エアコンを目立たせたくないときにも、ルーバーを使うと効果的。

見せたくない設備を目隠し

庭仕事をするために、デッキスペースに設けられた手洗い場。部屋の中から丸見えにならないよう、ルーバーを設けた（右写真は部屋の中から）。

リビング

洗濯物が丸見えだとくつろげない

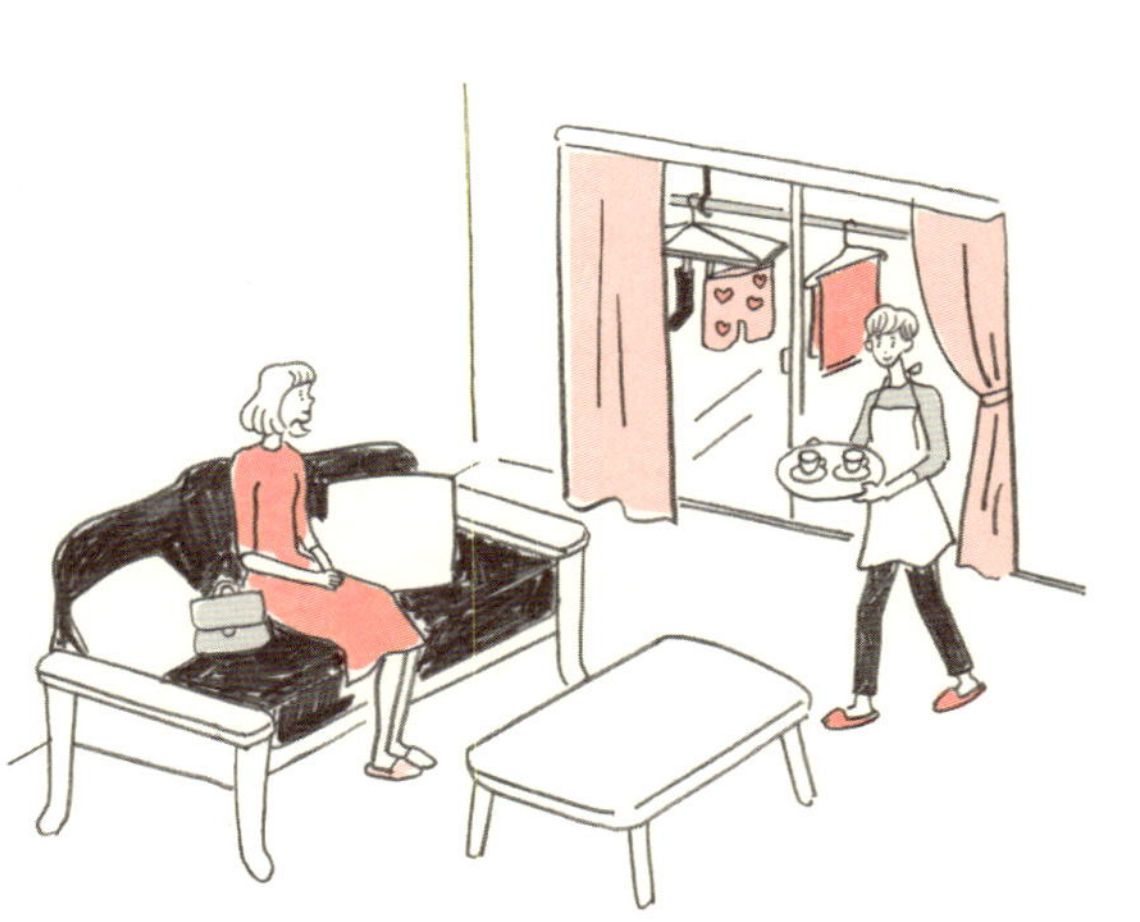

「生活感があって、目に入ると落ち着かない物」の代表は、リビングに座ったときに見える、外の洗濯物です。どんなに素敵なインテリアを飾っていても、これが目に入ると台無しです。しかし現実には、洗濯物の干し場についてあきらめている人が非常に多いのです。

干してある洗濯物が、目につかないようにする工夫を考えましょう。庭のある一軒家なら、部分的に壁を設けて干し場をつくり、視覚に入らないようにすることもできます（左ページ下写真）。マンションなどの場合は難しいので、上下を開けることができるシェードを利用する方法がおすすめです。これなら洗濯物のある部分だけを隠すこともできます（左ページ上写真）。

「洗濯物を干して乾かす」ことにこだわらず、思い切って乾燥機の導入を検討してみることも、おすすめします。雨の日に、部屋中に洗濯物がぶら下がっているという状態もなくなり、快適です。

シェードを利用して隠す

上下の開閉が自由にできるシェードを利用すれば、光を取り込みながら、洗濯物が干してある部分を隠すことができる。

干し場を隠す壁を設ける

テラスの端にルーバーの壁を設置して、リビングにいる人の視界に入らない場所に洗濯物干し場を設置。

リビング・玄関

表情豊かな壁面でフォーカルポイントを演出

正面の壁面に割り肌のタイルを使用し、印象的な玄関に。ピクチャーウィンドウから見える風景も美しい。

ある空間に入ったときに最初に目に入る場所のことを「フォーカルポイント」と言います。各所のフォーカルポイントを意識して整えることで、家全体の印象がよくなりますのでぜひ試してみてください。

フォーカルポイントには雑貨を置いたり、絵や花を飾ったりするのもいいのですが、通り道や狭い空間におすすめするのは、割り肌のタイルのように表情のある壁面にしたり、インテリアパネルを設置するという方法です。絵や雑貨ほど主張しすぎず、印象的なインテリアになります。

凹凸のある壁面は、光が当たると陰影がはっきりして美しく、時間の経過によっても目を楽しませてくれます。間接照明を利用することで、さらに表情豊かなインテリアになります。

**インテリアパネルで
階段を目隠し**

正面にスライド式のインテリアパネルを設置することで、印象的な玄関に。階段の上り口が目に入らないようにもなった。

**リビングに設置した
インテリアパネル**

リビングの扉を開けると最初に目に入る位置に、美しいインテリアパネルを設置。

**リビングの壁面の一部を
割り肌のタイルに**

表情豊かな壁面で、温かみのある印象的なリビングになった。

**キッチンの壁面に
モザイクタイルを**

キッチンの背面カウンターの上に、モザイクタイルを設置。オープンキッチンのため、ダイニングからも目に入る。

照明の光や色を自在に調節して楽しむ

ダクトレールでライティングを楽しむ
マンションのように直天井でダウンライトが埋め込めない場合は、ダクトレールを使用。ペンダントライトを取りつけることもできる。

本を読んだり勉強をするときの照明や、家族団らんのときの照明、くつろいでお酒を飲むときの照明など、生活シーンに応じて、それぞれに適した照明があります。勉強に集中したいときは、昼光色（青白い光）が向いていますし、就寝前には、赤みがかったやわらかい照明にすることで、心地よく睡眠に入れる効果があるそうです（左ページ上表参照）。

以前は、電球を変えないと照明の色を変えることはできませんでしたが、現在のＬＥＤの電球なら、手元のスイッチを操作することで、照明の光の色を切り替えることができます。

生活シーンに合わせて照明を変える習慣は、これから少しずつ多くの家庭に浸透していくと思われます。リフォームをする際には、照明のことも含めてぜひ検討してみてください。ＬＥＤを使用することで、省エネにもつながります。

生活のシーンで合う光の色は違う

低い← 2700K (電球色)	色温度(ケルビン) 3500K (温白色)	→高い 5000~6500K (昼光色)
夜の家族団らんなど ゆったりくつろぐとき	食事をするとき、 読書など	勉強、細かい作業、 化粧するときなど

色温度（ケルビン）とは、色の温かみを示したもので、数字が小さいほど赤みのあるやさしい色になる。ダイニングのように、食事から勉強まで様々な行為をする場所では、明るさだけでなく色温度も変えられるLED電球がおすすめ。

食卓の上にペンダントライトを

ダイニングテーブルの上に、ペンダントライトを設置することで、インテリア的にも印象的な空間に。生活シーンを様々な種類の光で演出できる。

間接照明でリラックス

壁際の天井を少し上げ、中に間接照明を入れた。凹凸のある壁面に間接照明をあてることで、美しい陰影が浮かび上がる。

リビング

取れない梁や設備はさりげなく隠したい

下がり壁をシェードで隠す

下がり壁のある窓に、天井からのシェードを設置。天井まで窓が続いているように感じさせる。

リビングの窓側の梁がある部分に、壁面収納を設置。梁の奥行きより出ているので、梁が気にならない。エアコンの配管（点線）を隠すパイプスペースにもなっている。

扉や窓の上にある下がり壁や、天井や壁から出っ張った梁は、空間の美しさを損ないますし、部屋を狭く見せるので邪魔な存在です。しかしマンションのリフォームでは、構造上の問題で、どうしても取れない下がり壁や梁の存在にぶつかることがあります。

そういう場合は、窓のシェードや造作の家具を利用して、下がり壁や梁があることに気づかせないようにする工夫をします。シェードを窓の上からではなく、天井から吊るすという工夫です。下がり壁が隠れるところまでシェードを下げておけば、まるでその後ろにも窓が続いているように錯覚させることができます。

その他、エアコンの配管など見せたくない設備がある場合は、その奥行きに合わせて壁面収納を設け、家具の一部にしてしまうという方法があります。

こういう小さな点もおろそかにしないことが、家全体の心地よさにつながります。

キッチン

背面収納を扉で丸ごと隠す

扉を開けていると、食器棚などが目に入って雑然とした風景に。

↓

来客のときや、食後にくつろぎたいときには、スライド扉を閉めればスッキリ。

ダイニングに面したオープンキッチンの場合、ダイニングに座ったときに気になるのが、キッチン背面の風景です。大きな冷蔵庫やカウンター上の電子レンジ、炊飯器、調理器具、ガラス戸の中のふだん使いの食器類などが自然に目に入ってしまいます。お客様をもてなすときには、そういった生活感のある物や無機質な物は、できるだけ視界に入らないようにしたいもの。見せたくない物が見えている状態ではくつろげませんし、せっかくのインテリアも映えません。

そこで、お客様の多いお宅には、背面収納をすっぽり隠してしまうスライド扉の設置を提案することがあります。調理で使って片づけが間に合わなかった道具なども、扉を閉めてしまえば気になりません。洗濯機をキッチンに置いているお宅の場合も、この扉を設けることをおすすめしています。

エントランス

表札・ポスト・門は家の顔

シンプルに整えられたエントランス。門にあしらわれた模様のやわらかい曲線が、訪れた人を温かく迎え入れる。

戸建てのリフォームの場合は、可能なら外観のリフォームについてもぜひ検討してほしいと思います。とくにエントランスの部分は家の顔ですから、美しく整えるだけで印象がかなり違ってきます。

エントランスのリフォームのポイントは、まず、玄関が外から丸見えにならないことです。そのために、アプローチの場所を変えたり、植栽を入れたり、門の位置を変えることもあります。門がない場合は、塀を互い違いに設けて、蛇行するアプローチをつくります。

表札、ポスト、門灯のデザインも重要です。バラバラのデザインだと美しくないので、シンプルで統一感のあるデザインになるように配置します。

エントランスは、訪れる人を温かく迎え入れるところ。短いアプローチでもセンスよくまとめて、雑然とした印象を与えないような工夫が必要です。

エントランスを美しくした例

BEFORE

和洋折衷で統一感のないデザイン。ひさしの端にある雨どいも目に入る。

AFTER

壁を塗り直し、温かみのある外観に。雨どいは隠し、窓の位置を変更。植栽を美しく整えた。

両脇の植栽を楽しみながら、玄関に向かって蛇行するアプローチ。表札の代わりに塀に名前を彫り込んでいる。

門扉の上に日陰棚を設けたエントランス。棚と植物がつくり出す陰影が美しい。

視線の先にある ドアをずらす方法

あなたの家の玄関の扉を開けたとき、目に入るのはどんな風景ですか？　お客様になったつもりで、入ってみてください。

玄関のフォーカルポイントは、家全体の印象を決める大切なポイント。訪れた人を迎え入れるために、心地のいい空間にしたいものです。

もし扉を開けて最初に目に入るのが、ほかの部屋のドアだったり、階段の上り口だったりする場合は、やや残念な印象になります。可能なら玄関の扉をずらして、それらの物が視界に入らないようにする方法を検討してみます。

正面が壁の場合は、美しいインテリアパネルを設けたり、インテリア性のある家具を置くことでも、第一印象を魅力的にすることができます。

ドアが正面に来ないようにした例

ルーバーと家具で階段を隠す

玄関を入って正面に、階段の上り口が見える家。手前にスライド式のルーバー扉を設け、印象的な家具をフォーカルポイントに置いた。

ルーバーの扉を閉めれば、壁のように見える。

BEFORE

正面には、和室やリビングに続くドアが見えていた。

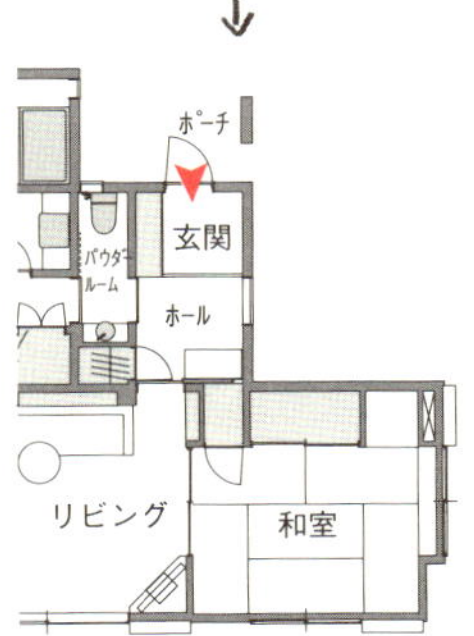

AFTER

和室のドアをなくして、アンティークの家具を置いた。さらに下足入れを反対側に移すことで、玄関の位置をずらし、家具や絵画が正面に見えるようにした。

玄関正面の風景を変えた

玄関を開けるとまず目に入るのは、和だんすと壁に飾った絵画。気持ちよくお客様を招き入れる雰囲気がある。

収納スペース

収納は目立ちすぎてはいけない

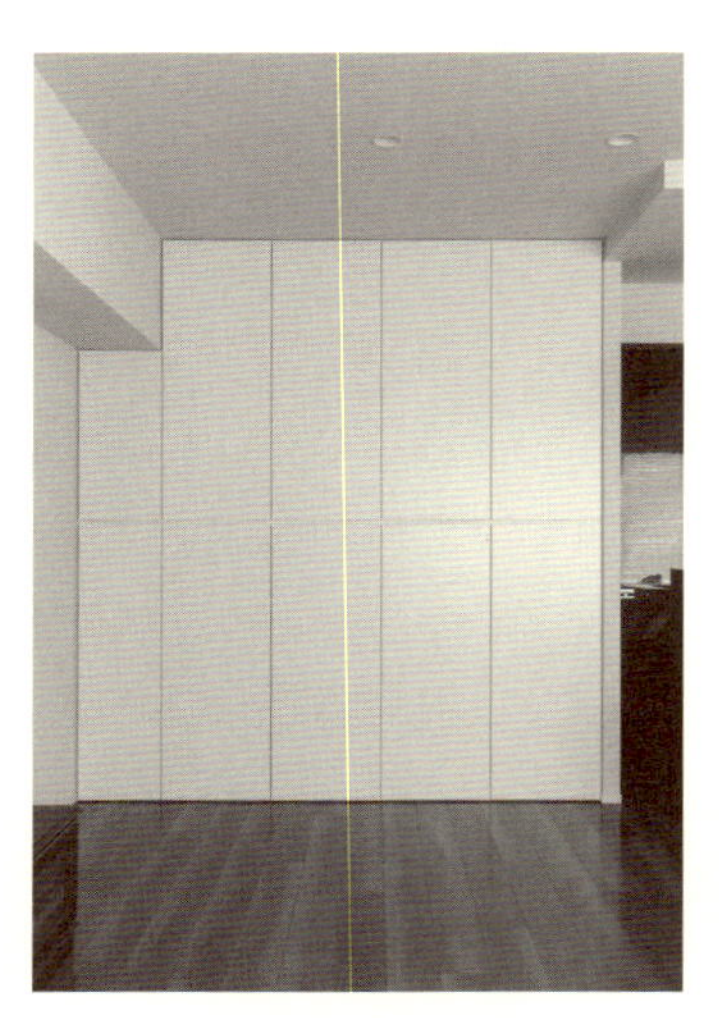

壁のように見える収納スペース

天井から床までいっぱいに設けた壁面収納。扉に取っ手をつけず、色も周りに合わせたので、閉めると壁のように見えて目立たない。

ふだんは、そこにあることが気づかないくらい存在感がないのに、必要なときにはサッと現れてくれる。そんな収納が理想だと思っています。収納家具が家のあちこちで主張していると、落ち着きません し、空間がゴチャゴチャして、狭苦しく感じます。そのため、存在感をなくす工夫を色々と考えます。

壁面収納の場合は、壁の色と同色の扉を天井から床まで設けることで、壁に溶け込ませます。壁面に限らず、目につく場所にある収納の扉には、取っ手をつけないのもポイント。プッシュ式か掘り込み手掛け式にすることで、存在感をなくすことができます。

引き出し式の収納は、中にもう1つの引き出しを入れることで、閉めたときに見える線が少なくなり、見た目がスッキリします。

見せたくない物を見えないようにすることが、インテリアの第一歩です。

ダイニング側の引き出しには取っ手をつけない

キッチンカウンターの裏に設けた、ダイニングの収納スペース。引き戸は掘り込み手掛けにして、取っ手をつけていないため、スッキリして目立たない収納スペースに。

ダイニング側から目に入らない、キッチンの背面カウンターの収納には、取っ手をつけて使いやすく。

壁に溶け込ませる

和室に設けた収納。実際の収納スペースより大きく、左端まで覆う扉を設けた。扉は壁の色と同色にしたので、閉めると存在感を消せる。

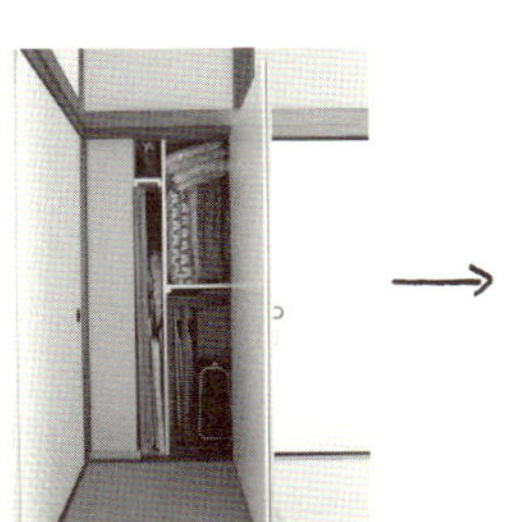

リフォームの価格について

おおよその目安がわかると予算を立てやすくなります。既存宅の仕様や、採用する材料、設備機器、リフォーム業者などによっても価格は変わりますので、あくまでご参考に。

島田邸 （P.10〜17）

1F

玄関ホール
【内装】 20.3万円
・床（無垢フローリング）
・壁（ビニルクロス）
・天井（ビニルクロス）
・造りつけクローゼット収納
・ルーバー

パウダールーム（トイレ）
【内装】 35.3万円
・床（ホモジニアスタイル）
・壁（ビニルクロス　モザイクタイル）
・天井（ビニルクロス）
・便器　洗面カウンター　鏡

奥様書斎（4.3㎡）
【内装】 9.8万円
・床（無垢フローリング）
・壁（ビニルクロス）
・天井（ビニルクロス）
・カウンター　造りつけ収納

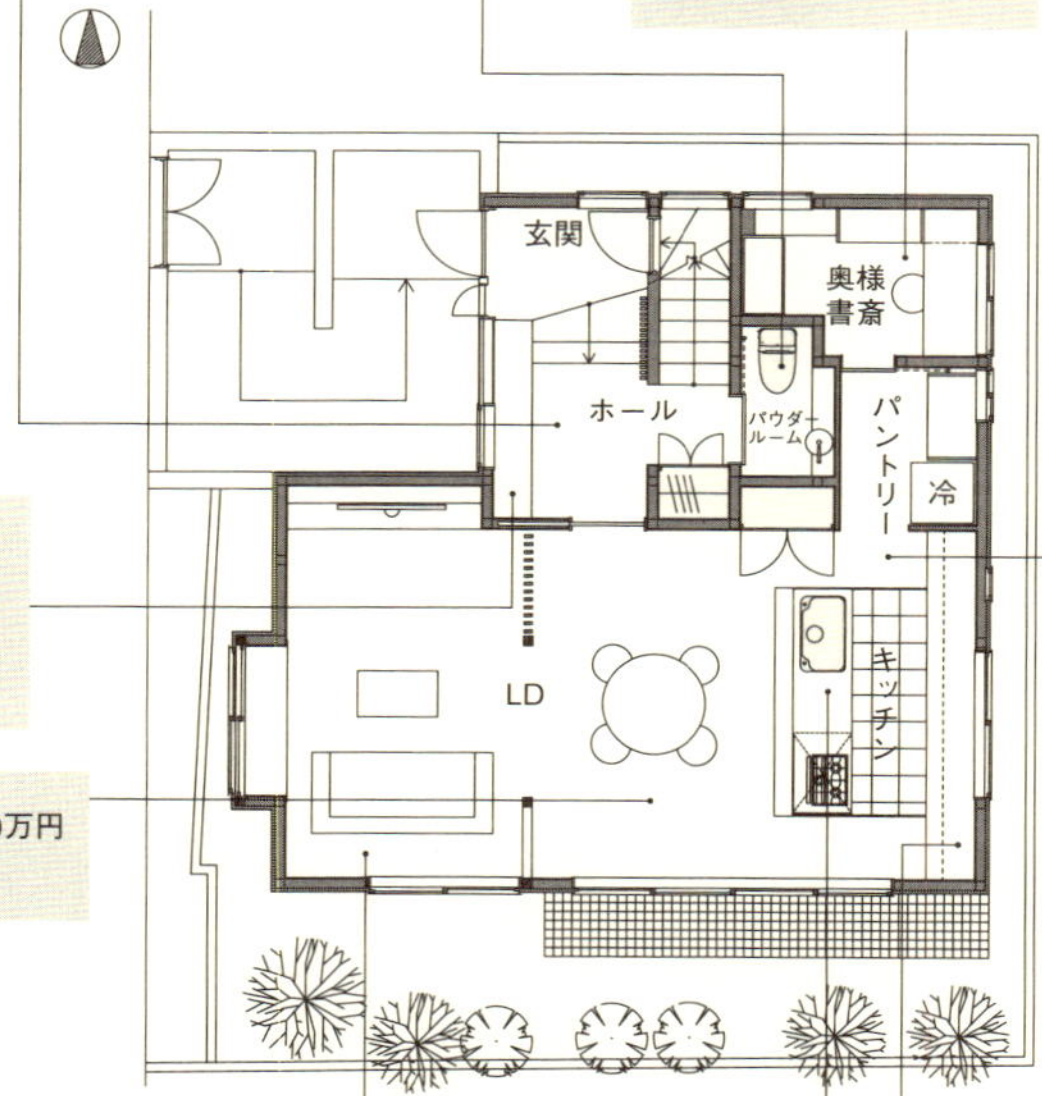

下足入カウンター収納
18.5万円

床暖房 49万円
※電気式

リビングダイニング（24.2㎡）
【内装】 42.8万円
・床（無垢フローリング）
・壁（ビニルクロス）
・天井（ビニルクロス）
・造りつけ収納
・ルーバー　ガラス棚　テレビ台

キッチンパントリー（12.2㎡）
【内装】 23万円
・床（無垢フローリング　タイル）
・壁（ビニルクロス）
・天井（ビニルクロス）
・造りつけ収納

システムキッチン
141万円

キッチン背面収納
101万円

2F

トイレ
【内装】15.5万円
・床（ホモジニアスタイル）
・壁（ビニルクロス）
・天井（ビニルクロス）
・便器

ホール
【内装】9.1万円
・床(無垢フローリング)
・壁（ビニルクロス）
・天井（ビニルクロス）
・造りつけ収納
・防水パン　棚

浴室ユニットバス
1616型　58万円

納戸
【内装】12.6万円
・床(無垢フローリング)
・壁（ビニルクロス）
・天井（ビニルクロス）
・ハンガーパイプ　棚

ウォークインクローゼット
【内装】11.2万円
・床(無垢フローリング)
・壁（ビニルクロス）
・天井（ビニルクロス）
・ハンガーパイプ　棚

洗面室
【内装】34.5万円
・床(ホモジニアスタイル)
・壁（ビニルクロス）
・天井（ビニルクロス）
・洗面カウンター　鏡
・造りつけリネン収納

寝室(13.4㎡)
【内装】39.8万円
・床(無垢フローリング)
・壁（ビニルクロス）
・天井（ビニルクロス）
・造りつけクローゼット

ご主人趣味室(9.9㎡)
【内装】20.2万円
・床(無垢フローリング)
・壁（ビニルクロス）
・天井（ビニルクロス）
・造りつけクローゼット

【DATA】

リフォーム面積
103.9㎡
木造2階建て
トータル建築費用
1900万円
※外壁塗装・屋根補修塗装・外構は別途

上記以外の費用
・仮設、解体工事
・間仕切変更工事
・建具工事
・給排水工事
・電気工事
・空調設備工事
・諸経費
・消費税

飯澤邸 (P.18〜25)

寝室(8.1㎡)

【内装】14.5万円
- 床(無垢フローリング)
- 壁(ビニルクロス)
- 天井(珪藻土)
- ウォークインクローゼット

キッチン、リビング、ダイニング(22.8㎡)

【内装】31.0万円
- 床(ホモジニアスタイル)
- 壁(ビニルクロス・珪藻土)
- 天井(珪藻土)
- キャットウォーク

洗面室

【内装】25.5万円
- 床(ホモジニアスタイル)
- 壁(ビニルクロス・珪藻土)
- 天井(珪藻土)
- 洗面カウンター　鏡
- 造りつけリネン収納
- 防水パン　棚

トイレ

【内装】 33.8万円
- 床(ホモジニアスタイル)
- 壁(ビニルクロス)
- 天井(珪藻土)
- 便器

キッチン背面収納

101万円

浴室ユニットバス

1216型　60.4万円

冷　キッチン　洗面室　洗　トイレ　寝室　LD　廊下　玄関　ベランダ　棚　和室　納戸

システムキッチン

95.2 万円

玄関・廊下

【内装】33.3万円
- 床(無垢フローリング)
- 壁(ビニルクロス)
- 天井(珪藻土)
- 造りつけ下足入れ
- 造りつけ収納

ダイニングカウンター収納

24.2万円

テレビ台

19.3万円

納戸(10.8㎡)

【内装】18.5万円
- 床(無垢フローリング)
- 壁(ビニルクロス)
- 天井(珪藻土)
- ハンガーパイプ　棚

和室(6.1㎡)

【内装】29.8万円
- 床(無垢フローリング)
- 壁(ビニルクロス)
- 天井(珪藻土)
- ルーバー　鏡

【DATA】

リフォーム面積
56.6㎡

マンション
トータル建築費用
1080万円

上記以外の費用
- 仮設、解体工事
- 間仕切変更工事
- 建具工事
- 給排水工事
- 電気工事
- 空調設備工事
- 諸経費
- 消費税

F邸（P.26〜31）

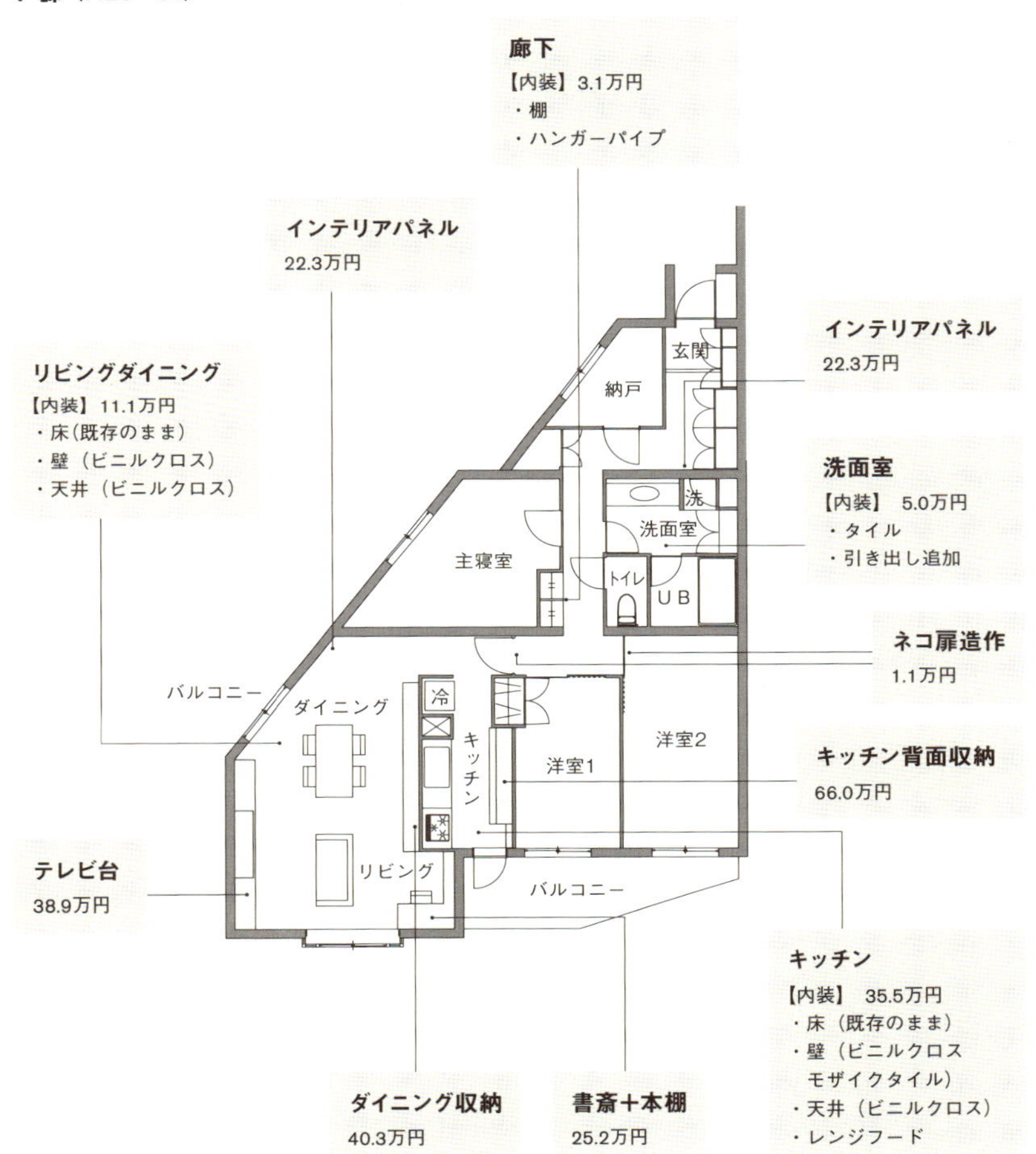

【DATA】

リフォーム面積
42.3㎡

マンション
トータル建築費用
400万円

上記以外の費用
- 仮設、解体工事
- 間仕切変更工事
- 給排水工事
- 電気工事
- 空調設備工事
- 諸経費
- 消費税

おわりに

設計の仕事を始めて30年以上になりますが、ここ数年、リフォームの仕事は本当におもしろいと感じています。新築と違って様々な制限があるなかで、それらを解決しながらどこまで住みやすく快適な家に変えられるか、住む方の理想に近づけることができるかを考えるのは、とてもやりがいのある仕事です。

リフォームのいい点は、長年慣れ親しんできた場所で、周囲とのつながりを変えずに、もう一度住まいを新しくして暮らしていけることです。工事が進み、家が見違えるように変わっていくのを見て、皆さんは「この家がこんなふうに変わるなんて！」と感激してくださいます。

リフォームによって動線が改善され、美しく住まいやすい家になると、住む人自身も大きく変わります。暖かい家になって、家事や片づけにも追われなくなることで、長年抱えてきたストレスから解放され、生き生きとしてきます。やりたいと思っていたことに向かい合う気力や余裕も出てきます。いつでも人を呼べるようになって、暮らしを楽しめるようになり、自信に満ちてどんどん素敵になっていくように思います。

リフォーム世代と呼ばれるのは、60歳前後で定年を迎えるころの方ですが、人生90年と考えると、人生の3分の1もの長い時間を過ごすための家づくりということになります。せっかくリフォームをするのなら、水回りだけでなく、間取りも見直して、自分の思い描く理想の暮らしのためのリフォームを考えてみてください。

リフォームによって、住む方の暮らしに無駄がなく快適になったと実感できたとき、私はそれを「価値あるリフォーム」と呼んでいます。この本が、あなたのリフォームを価値あるものにするための一助になれば幸いです。リフォームであなたの人生がより豊かになりますように、心から願っています。

最後になりますが、ご自宅の撮影に快く協力してくださったアトリエサラの施主の皆様に心からお礼申し上げます。また、なかなか進まない私に根気よく付き合ってくださった編集者の臼井美伸さん、藤本容子さん、カメラマンの永野佳世さん、嶋田礼奈さん、デザイナーの堀康太郎さん、イラストレーターの須山奈津希さんに深く感謝いたします。

2017年　秋

水越美枝子

Profile

水越美枝子

Mieko Mizukoshi

一級建築士。キッチンスペシャリスト。

1982年日本女子大学住居学科卒業後、清水建設(株)に入社。

商業施設、マンション等の設計に携わる。

1998年一級建築士事務所アトリエサラを共同主宰。

新築・リフォームの住宅設計からインテリアコーディネイト・収納計画まで、トータルでの住まいづくりを提案している。手がけた物件は200軒以上。

日本女子大学非常勤講師、NHK文化センター講師。

著書に『40代からの住まいリセット術—人生が変わる家、3つの法則』(NHK新書)

『いつまでも美しく暮らす住まいのルール 動線・インテリア・収納』、

『物が多くても、狭くてもできる いつまでも美しく暮らす収納のルール』

(共にエクスナレッジ)

【一級建築士事務所　アトリエサラ】
ホームページ　http://www.a-sala.com
お問い合わせ　info2@a-sala.com

撮影／永野佳世、嶋田礼奈(講談社)
構成／臼井美伸(ペンギン企画室)
イラスト／須山奈津希
DTP／朝日メディアインターナショナル株式会社

片づけなくても片づく住まいに
人生が変わるリフォームの教科書

2017年10月29日　第1刷発行
2019年 9 月 6 日　第3刷発行

著　者　水越美枝子
発行者　渡瀬昌彦
発行所　株式会社講談社
〒112-8001　東京都文京区音羽 2-12-21
03-5395-3606（販売）
03-5395-3615（業務）

編　集　株式会社講談社エディトリアル
代表　堺 公江
〒112-0013　東京都文京区音羽 1-17-18 護国寺 SIA ビル 6F
03-5319-2171

装　丁　堀 康太郎（horitz）
印刷所　大日本印刷株式会社
製本所　株式会社国宝社

ISBN　978-4-06-220770-6